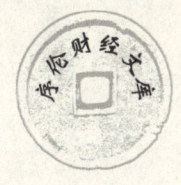

地方公共设施建设
资本市场利用方略：
融资模式、管理创新及风险控制

李经纬 / 著

图书在版编目(CIP)数据

地方公共设施建设资本市场利用方略：融资模式、管理创新及风险控制／李经纬著．—上海：立信会计出版社，2020.12

（序伦财经文库）

ISBN 978-7-5429-6660-5

Ⅰ.①地… Ⅱ.①李… Ⅲ.①城市公用设施—资本市场—融资模式—研究—中国 Ⅳ.①F299.24

中国版本图书馆 CIP 数据核字(2020)第253627号

责任编辑　赵志梅

地方公共设施建设资本市场利用方略：融资模式、管理创新及风险控制

出版发行	立信会计出版社			
地　　址	上海市中山西路2230号	邮政编码	200235	
电　　话	(021)64411389	传　　真	(021)64411325	
网　　址	www.lixinaph.com	电子邮箱	lixinaph2019@126.com	
网上书店	http://lixin.jd.com		http://lxkjcbs.tmall.com	
经　　销	各地新华书店			
印　　刷	江苏凤凰数码印务有限公司			
开　　本	710毫米×1000毫米	1/16		
印　　张	7.5			
字　　数	98千字			
版　　次	2020年12月第1版			
印　　次	2020年12月第1次			
书　　号	ISBN 978-7-5429-6660-5/F			
定　　价	48.00元			

如有印订差错，请与本社联系调换

前　言

随着中国经济的飞速发展,我国对保障经济蓬勃发展的公共设施的需求也日益旺盛和迫切,公共设施的公共产品属性又使得公共设施供给的任务理所当然地落在政府头上。然而,作为政府主要收入来源的税收无法有效支撑政府承担起公共设施建设的职责,因此,寻求其他融资渠道支持公共设施建设成为政府的内在需求。为了寻求公共设施建设资金,2008年以来,地方政府大量设立融资平台,并向各领域金融机构大肆融资,结果造成了中央政府以及社会各界高度关注的地方政府债务风险问题。因此,自2012年以来,中央政府相继出台了多项政策对地方政府融资平台进行清理、整顿和规范,并对地方融资平台的银行贷款、信托融资等资金筹措渠道进行了更加严格的限制,中央政府的各项限制举措使得地方政府公共设施建设和投资受到严重的影响。公共设施建设是促进地方经济发展的必要物质基础,因此在促进经济发展和防控地方政府债务风险的难以两全的窘境中,中央政府被迫允许地方政府采用公私合作模式获取建设资金。在这种背景下,从2015年开始,公私合作模式迅速代替地方政府融资平台成为累积地方政府隐性债务风险的最主要工具之一,结果其又重新引起中央政府的高度警觉并开始予以限制,因此,寻找新的公共设施建设融资模式以摆脱公共设施建设困境成为当前中国政府的重要课题。于是,作为长期关注和研究公共设施建设的笔者自然而然将其作为研究的重要课题。

为了寻求问题的解决方案,本书在第一章和第二章研究了我国地方公共设施建设融资的状况，对我国公共设施建设融资的发展历程、现状、存在的问题等进行了全面细致的分析，得出了我国公共设施建设融资亟待科学利用资本市场的结论，并提出了基本的方案、构想和方向。

　　为了进一步探求更加具体的解决方案，本书在第三章对发达经济体的公共设施建设融资进行了详细研究。结果发现，公共设施建设融资利用资本市场是可行的，也是必须的。为了确保利用资本市场进行公共设施建设融资的成功，采取公私合作模式是必要的，对现有资本市场战略实行重构也是必要的。

　　本书在第四章结合国际经验及中国的实践经验与教训，提出了公共设施建设融资科学利用资本市场的思想。政府应科学实施资本市场战略，利用资本市场为公共设施建设融资服务，不可再向资本市场转嫁负担、转移风险，而应该回归对公私合作模式本质特征和优势的利用，即充分利用公私合作模式下的私人机构在建设、运营、管理效率方面的优势，并且政府必须承担和履行其应尽的责任和义务。在此构想下，本书提出了地方公共设施建设融资利用资本市场重构的具体方案。

　　为了使公共设施建设融资利用资本市场的战略实施效果得到激发、实现和巩固，本书在第五章对地方公共设施建设科学的公私合作管理模式进行了详细分析和研究。

　　出于同样的目的，本书在第六章对地方公共设施建设融资利用资本市场的风险控制方案进行了全面深入的研究。为使政府部门对公私合作模式下公共设施建设的监管落到实处和顺利推进。本书还提出了建立公共设施建设风险控制管理信息系统的构想。

　　本书在第七章对基本研究结论作出总结，同时也指出了本书的创新点、存在的不足以及对未来的研究展望。

编者
2020 年 12 月

目 录

第一章 导论 ……………………………………………… 1
  第一节 问题的提出及选题意义 ……………………………… 1
  第二节 相关概念界定 ………………………………………… 5
  第三节 文献综述 ……………………………………………… 9
  第四节 研究方法及研究框架 ………………………………… 24

第二章 地方公共设施建设融资状况研究 ……………… 27
  第一节 地方公共设施建设的财政性融资 …………………… 27
  第二节 地方公共设施建设的债务性融资 …………………… 29
  第三节 地方公共设施建设的权益性融资 …………………… 41
  第四节 地方公共设施建设的其他融资方式 ………………… 51
  第五节 本章小结 ……………………………………………… 58

第三章 地方公共设施建设融资的国际经验研究 ……… 62
  第一节 西方国家公共设施建设融资总体发展脉络梳理…… 62
  第二节 英国公共设施建设融资的实践与启示 ……………… 66
  第三节 美国公共设施建设融资的实践与启示 ……………… 68
  第四节 法国公共设施建设融资的实践与启示 ……………… 71
  第五节 日本公共设施建设融资的实践与启示 ……………… 75
  第六节 本章小结 ……………………………………………… 78

第四章　地方公共设施建设融资模式创新研究 ………… 79
　　第一节　地方公共设施建设融资思想重建 ………… 79
　　第二节　地方公共设施建设融资利用资本市场的战略
　　　　　　重构 ……………………………………………… 81
　　第三节　地方公共设施建设融资利用资本市场重构的
　　　　　　具体方案研究 …………………………………… 83
　　第四节　本章小结 ………………………………………… 85

第五章　地方公共设施建设管理模式创新研究 ………… 87
　　第一节　重构地方公共设施建设管理模式公私合作新
　　　　　　机制 ……………………………………………… 87
　　第二节　我国地方公共设施建设的其他创新研究 …… 93
　　第三节　本章小结 ………………………………………… 94

第六章　地方公共设施建设融资风险控制研究 ………… 95
　　第一节　地方公共设施建设融资风险控制设计 ……… 95
　　第二节　地方公共设施建设风险控制管理信息系统
　　　　　　研究 ……………………………………………… 97
　　第三节　本章小结 ………………………………………… 103

第七章　研究结论、创新、不足与展望 …………………… 104
　　第一节　研究结论 ………………………………………… 104
　　第二节　创新之处 ………………………………………… 106
　　第三节　不足与展望 ……………………………………… 107

后记 ……………………………………………………………… 108

主要参考文献 …………………………………………………… 110

第一章 导 论

第一节 问题的提出及选题意义

一、问题的提出

改革开放以来,中国经济取得了举世瞩目的成就,经济的发展使得公共设施建设需求日益旺盛,然而公共设施的公共产品属性以及中国财政体制的独特性,使得政府,尤其是地方政府承担着大部分的公共设施建设职责。经济发展带来的政绩考核机制又催生出地方政府强烈的公共设施建设资金获取冲动,但地方政府缺少公共设施建设资金及合法筹措的权力和渠道。另外,作为政府主要收入来源的税收又不能支撑地方政府承担起公共设施建设的职责。在2008年全球金融危机的倒逼机制作用下,中央政府开始鼓励银行机构为地方政府的公共设施建设保驾护航,由此形成了宽松的政策基调。全国各级地方政府开始借机大肆打"擦边球",通过大规模设立地方政府融资平台筹措建设资金,并由地方政府相关部门为融资平台的债务背书,从而开启了疯狂融资的"潘多拉魔盒",最终形成了让中央政府以及社会各界高度重视的地方政府债务风险问题。于是自2012年起,中央政府开始对地方政府融资平台进行整治,并相继颁布了多项清理、整顿和规范地方政府融资平台的监管文件。现对主要监管文件梳理如下。

2010年6月,中国银行业监督管理委员会[①](以下简称"银监会")为地方融资平台贷款划定"三红线",即严禁银行发放打捆贷款;禁止银行与地方政府签署无特定项目的大额授信合作协议;规定银行对出资不实,治理架构、内部控制、风险管理、资金管理运用制度不健全的融资平台,要严格限制贷款,并协商风险防范具体措施。银监会要求银行要借助当前地方政府对自身债务进行清理的机会,对原有政府融资平台贷款进行逐笔梳理,按项目重新开展评审,并进行严密的风险排查。

2010年6月10日,中华人民共和国国务院(以下简称"国务院")颁发《国务院关于加强地方政府融资平台公司管理有关问题的通知》(国发〔2010〕19号),要求地方各级政府要对融资平台公司债务进行一次全面清理,并遵循分类管理、区别对待的原则,妥善处理债务偿还和在建项目后续融资问题。

2010年7月30日,中华人民共和国财政部(以下简称"财政部")、中华人民共和国发展和改革委员会(以下简称"国家发展改革委")、中国人民银行和银监会四部委联合下发《关于贯彻〈国务院关于加强地方政府融资平台公司管理有关问题的通知〉相关事项的通知》(财预〔2010〕412号,以下简称《通知》)。《通知》规定了"向银行业金融机构申请贷款须落实到项目,以项目法人公司作为承贷主体",还规定了"凡没有稳定现金流作为还款来源的,不得发放贷款"。

2010年11月10日,银监会正式签发《关于开展地方政府融资平台贷款台账调查统计的通知》[②](银监办发〔2010〕338号),并下发到各商业银行。2011年开始,除了陆续到期的原有存量平台贷款,银行新发放给平台公司的贷款将与公司类贷款一同,按照公司类贷款的审批条件和程序发放。

2011年8月,银监会对融资平台贷款实施交叉监控,一项违约,所有银行贷款连坐。

---

① 2018年3月,根据国务院机构改革方案,将中国银行业监督管理委员会和中国保险业监督管理委员会的职责整合,组建中国银行保险监督管理委员会。

② 此文件已于2016年废止。

2012年2月21日,银监会下发《关于加强2012年地方政府融资平台贷款风险监管的指导意见》(银监发〔2012〕12号),要求各银行原则上不得新增融资平台贷款。

2012年12月24日,财政部、国家发展改革委、中国人民银行、银监会四部委联合下发了《关于制止地方政府违法违规融资行为的通知》(财预〔2012〕463号),规定了地方政府及其融资平台停止违法违规融资行为。

2013年4月10日,银监会印发《关于加强2013年地方政府融资平台贷款风险监管的指导意见》(银监发〔2013〕10号,以下简称"10号文"),除了再次强调地方政府融资平台贷款要"控制总量",该文件还明确提出了"隔离风险"的监管思想。

这些文件的颁发使得地方政府融资平台对外融资日益困难,地方政府公共设施建设受到严重的影响,因为地方政府融资平台是当时进行公共设施建设最为重要的融资工具之一。

然而,必要的公共设施建设是改善经济发展环境、促进地方经济发展的重要物质基础,所以当地方融资平台受到严重影响从而对公共设施建设造成重大抑制时,必然会对地方经济的发展形成非常严重的负面影响。在国家经济发展的历程中,地方政府利用地方政府融资平台大力推进公共设施建设的举措的确为促进地方经济发展立下了汗马功劳。尽管它也衍生了令人担忧的债务风险问题,但因此因噎废食,对它抱着一种"欲除之而后快"的态度显然也是不当的。

中央政府逐渐认识到这个问题,于是,2014年8月31日,全国人民代表大会通过了新修订的《中华人民共和国预算法》(以下简称《预算法》),允许地方政府发行债券,这意味着中央政府在严格限制地方政府融资平台对外举债以防范地方政府债务风险的同时,也给地方政府筹集资金发展公共设施建设开了一道门。然而这道门开得太小,因为新修订的《预算法》及随后为配合其落地实施而颁布的《国务院关于加强地方政府性债务管理的意见》(国发〔2014〕43号)及《财政部关于印发〈地方政府专项债券发行管理暂行办法〉的通知》(财库〔2015〕83号)规定了严格的地方政府债券发行机制。事实上,地方政府为推进公共设施建设能够发行的额度远不及地方政府融资平台原来融资额度的10%。2015年,新修订的《预算法》实施后,当年的融资额度实际上还不到地方政府融资平台债务余额的2%[①]。显然,这样的额度标准远远满足不了地方经济发展对公共设施建设资金的需求。于是,为了在解决这个矛盾的同时防范地方政府隐性债务风险,中央政府开始倡导地方政府在公共设施建设中采用公私合作(public-private partnerships,PPP)模式,引入私人资本。2015年5月,《国务院办公厅转发财政部发展改革委人民银行关于在公共服务领域推广政府和社会资本合作模式指导意见的通知》(国办发〔2015〕42号),允许国有控股企业、民营企业、混合所有制企业等各类型企业积极参与提供公共服务,这意味着PPP模式在我国地方公共设施建设融资中正式被合法化。

我国政治、经济体制的特点使得PPP模式一经允许和鼓励,立刻成为各级政府竞相采用的融资模式。然而私人资本对地方政府信誉的担心及地方政府针对私人资本推出的盈利项目较少,使得私人资本少有参与,也不敢参与、不愿参与PPP模式,最终,PPP模式只能沦为体制内机构自娱自乐的内循环融资模式。也就是说,原本政府采用PPP模式是想向私人机构融资,然而由于我国的体制特点,最终的结果只能是国有资金流向公共设施建设领域,相当于国有资金从政府的左手转到了右手。PPP模式成了地方政府融资平台融资的一个变种。PPP模式在2015—2019年的狂飙突进中使得地方政府隐性债务急剧膨胀,到2019年为止,地方政府隐性债务规模高达30多万亿元,既有地方政府债务风险问题非但没有解决,反而有进一步恶化的倾向。

那么,我们究竟该如何在解决地方公共设施建设资金需求的同时,避免可能出现的地方政府债务风险问题呢?我们究竟应该把目光投向何方?究竟应该寻求一个什么样的解决方案?为了获得这个答案,本研究借鉴发达经济体的做法和经验也许是有益的。事实上,美

---

① 参见李经纬于2015年2月发表于《中央财经大学学报》的"新预算法及其配套政策法规实施背景下的地方融资平台转型与发展"。

国、英国、法国、日本等发达国家都有发达的公共设施,然而它们没有因为建设公共设施体系引发政府债务危机,也没有在面临公共设施建设资金需求时一筹莫展。这究竟是怎么做到的呢?我们进一步对这些国家进行相关研究后发现,这些国家进行公共设施建设时无一不是通过建立各种合理机制真正吸引私人机构参与,并且通过承建公共设施的私人机构向资本市场融资。同时,政府对纯公共物品性质的公共设施建设资金支出承担最终责任,对准公共物品性质的公共设施建设则承担必要的、各种形式的支持和资助义务,即它们主要采用的是PPP模式。由此可见,PPP模式并非不是公共设施建设融资的解决之道,但一方面,我们的问题可能还是对PPP模式没有正确的认知和借鉴;另一方面,我们是否具备采用PPP模式的条件可能也是一个重要问题。于是,我们在对本书进行研究的同时,对发达国家PPP模式的具体运作模式进行研究是很有必要的。

二、选题意义

本书是对地方公共设施建设融资的资本市场利用方略和经营管理有效途径的探索。该项研究成果能够为地方政府设计科学合理的公共设施建设融资方案,有效提升公共设施建设效率,从而为有效履行公共设施供给职能提供重要参考。

本书的研究成果对于服务我国地方公共设施建设和经济发展具有较强的实践意义。同时,本书是对我国地方公共设施建设首次全面、系统的思考,具有一定的理论创新意义。

第二节 相关概念界定

一、公共物品

(一)公共物品的概念与特征

公共物品即公共物品和劳务,是指从利益驱动角度看很难由私营部门提供而必须由公共部门提供的物品和劳务。公共物品具有三个方面的特性：①效用的不可分割性。公共物品是向一个区域的全体人员提供的，其具有共同受益或联合消费的特点。该区域全体人员可以共同享用公共物品，但不能将其分割为若干部分，分别归属于某些个人、家庭或企业。②消费的非排他性。排他性是指某产品一旦被提供给一些人，就会阻止另一些人从中受益；非排他性则是指一个人的消费不会把他人排除在这种物品的消费之外，即某些人对公共物品的享用并不影响、妨碍其他人同时享用，并且消费者的增加不会引起成本的增加，即该物品提供给额外一个消费者的社会边际成本为零。在公共物品的消费上，人人都可以获得相同的利益，它提供给额外一个人的消费不会降低它带给其他人的消费满足。由于非排他性物品的边际成本为零，难以通过定价的方式来迅速收回投资，所以按照市场经济法则，这种公共物品很难由追求利润最大化的私营部门生产和提供，从而必须由政府通过预算以财政拨款或直接投资的形式提供。③受益的不可阻止性。受益的不可阻止性是指在技术上没有办法将拒绝为公共物品付款的个人、家庭或企业排除在其受益范围之外。即便存在这种技术，但使用这种技术必须付出的代价高于实施非排他技术得到的好处，用经济学术语来说，也就是所谓的不经济。

事实上，绝对符合上述标准的公共物品是极为少见的。我们在现实的社会生产和生活中定义公共物品时，只能把趋近上述公共物品标准的物品定义为公共物品，然后根据其趋近公共物品绝对标准的程度定义不同性质的公共物品。

（二）公共物品的分类

根据上述定义标准，我们可以把公共物品划分为纯公共物品和准公共物品两类。

1. 纯公共物品

纯公共物品是指效用完全不可分割、消费完全不可排斥、受益完全不可阻止的公共物品。例如，国防、灯塔、生态环境、城市防灾及城市绿化等公共设施可以被近似地看作纯公共物品。

2. 准公共物品

准公共物品是指具有有限排他性的公共物品,即当超过一定的临界点时,非竞争性和非排他性就会消失,拥挤就会出现。我们可以把准公共物品进一步划分为价格排他的公共物品和拥挤的公共物品。

在现实经济生活中,公共图书馆、博物馆、公园、公交、污水处理设施、垃圾处理设施等公共设施就可以被看作准公共物品。

二、公共设施

公共设施是指政府或政府授权的组织机构为社会公众提供的各种公共性、服务性设施,包括公共行政设施、公共信息设施、公共卫生设施、公共体育设施、公共文化设施、公共交通设施、公共教育设施、公共绿化设施、污水处理设施、垃圾处理系统、交通设施、防空设施、城市绿化、公园等。

公共设施包括基础设施和附属设施,其中基础设施(infrastructure)是指为社会生产和居民生活提供公共服务的物质工程设施,是用于保证国家或地区社会经济活动正常进行的公共服务系统,是社会赖以生存发展的一般物质条件。基础设施不仅包括公路、铁路、机场、通信、水电煤气等公共设施,即俗称的基础建设,而且包括教育、科技、医疗卫生、体育、文化等社会事业,即社会性基础设施(social infrastructure)。附属设施是指使得基础设施得到更好服务、发挥更大作用、实现保值和增值功能的配套设施。

公共设施根据内容和形式也可分为基础公共服务、经济公共服务、社会公共服务及公共安全服务。基础公共服务是指通过国家权力介入或公共资源投入,为公民及其组织提供从事生产、生活、发展和娱乐等活动需要的基础性服务,如提供水、电、气、交通与通信基础设施、邮电与气象服务等。经济公共服务是指通过国家权力介入或公共资源投入为公民及其组织(即企业)从事经济发展活动所提供的各种服务,如科技推广、咨询服务以及政策性信贷等。社会公共服务是指通过国家权力介入或公共资源投入,为满足公民的社会发展活动的直接需要所提供的服务。社会发展领域包括教育、科学普及、医疗卫生、社会保障以及环境保护等。社会公共服务是为满足公民的生存、生活、发展等社会性直接需求而提供的服务，如公办教育、公办医疗、公办社会福利等。公共安全服务是指通过国家权力介入或公共资源投入为公民提供的安全服务，如军队、警察和消防等方面的服务。

本书拟研究的公共设施特指基础公共服务设施。包括基础公共服务设施在内的所有公共设施都具有公共物品的性质，因此公共设施也属于公共物品。公共设施按其具有公共物品性质的程度划分为纯公共物品公共设施和准公共物品公共设施。地方公共设施是指由地方政府承担主要提供职责的公共服务设施。

三、地方政府融资平台

地方政府融资平台是指由地方政府通过财政拨款或注入土地、股权、规费、国债等国有资产发起设立，拥有独立法人资格，同时以承担政府投资项目融资功能为主要目的的经济实体。通常，冠以"××城市建设投资公司""××城建开发公司""××城建资产经营公司"等字样的经济实体都属于地方政府融资平台。

四、资本市场

资本市场(capital market)又称长期资金市场，是指以期限在1年以上的金融工具为媒介进行长期性资金交易活动的市场。

广义的资本市场包括银行中长期存贷款市场和有价证券市场；狭义的资本市场则专指发行和流通股票、债券、基金、信托计划、资管计划等证券的市场，包括股权市场和债权市场，统称证券市场。本书采用狭义资本市场的概念。

同货币市场相比，资本市场具有以下特点：①交易期限较长，少则一年，长则数十年；②交易目的主要是解决长期资本需求；③资金交易量大；④市场交易工具特殊，具有一定的风险性和投机性。

五、PPP模式

PPP模式,即公私合作模式,是指政府、非营利性组织与企业基于某个项目建设而形成的相互合作关系的形式。PPP模式最早于1992年由时任英国财政大臣拉蒙特正式提出。

在这种合作模式下,政府并不是把项目的责任全部转移给私人机构,而是根据合作方各自的优势做最优分工,政府、非营利性组织与企业共同对项目的整个周期负责。在项目的早期论证阶段,合作方共同参与项目的确认、技术设计和可行性研究工作,对项目采用融资方式的可能性进行评估,并采取有效的风险分配方案,把风险分配给最有能力的参与方来承担;在项目运营期间,私人机构负责建设运营,政府则负责监督项目建设;在项目竣工投入运行后,政府和私人机构一方面可以共享项目收益,另一方面可以由政府对项目给予收益补偿,或者接受项目部分或全部的使用权或产权的移交。总之,在PPP项目的整个生命周期,公共部门与私营部门都必须共担风险,同时共享收益。当然在PPP模式下,政府还承担着对合作私人机构的监督职能。

在融资安排方面,PPP模式主要根据项目的预期收益、资产以及政府扶持措施的力度,而不是项目投资人或发起人的资信来安排融资。它是以项目经营的直接收益和通过政府扶持所转化的效益为偿还融资资金的来源,项目公司的资产和政府给予的承诺是偿还融资的安全保障。

第三节 文 献 综 述

一、国外文献综述

鉴于本书需要借鉴成熟经济体在公共设施建设融资方面的经验,本书的国外文献综述把重点放在对西方发达经济体相关文献的研读上。下面我们进行具体的文献梳理。

(一) 关于公共设施建设融资主体的研究

政府对公共设施提供职责的观点源于凯恩斯认为市场失灵时,政府应该对失灵的市场及相关经济活动进行干预的理论。凯恩斯对政府干预市场及相关经济的具体模式作了阐述,如其在1933年发表的《通往繁荣之路》就提出了政府应该投资基础设施的具体干预经济模式。他认为,政府的投资应该主要用于公共设施,如果政府将投资用于生产事业,将同私人资本家直接发生竞争,并加速生产过剩的经济危机。他强调,在私人投资不足时,政府应加大对体现社会福利的公共设施的投资,这样,既可避免以生产过剩为特征的经济危机加重,又可增加就业机会。

第二次世界大战后,经济学家罗森斯坦·罗丹、罗根纳·纳克斯等相继在各自的经典理论——大推进理论和贫困恶性循环理论中指出,由于基础设施的供给存在"不可分性"和"配置上规模的初始集聚性",基础设施必须建成才能发挥作用,因此在国民经济发展的初期,必须集中精力,一次性投入大量资金用于基础设施建设。基础设施建设周期长,建设资金难以在短期内得到回收,加之社会间接资本在时间上是不可分的,因而其必须在时间上优先于其他直接生产性投资。落后国家摆脱贫困恶性循环的重要手段就是全面地、大规模地在国民经济的各个部门进行投资,实施平衡增长战略。

就基础公共设施的不同性质而言,基础公共设施作为公共物品的一部分,尤其是以纯公共物品和准公共物品性质为主的公共设施,经济学界对它们融资模式的认识也随着对公共物品的研究而深入,这是一个不断发展的过程。

在经济学史上,纯公共物品的认识早于私人物品和准公共物品。著名经济学家、现代福利经济学中公共物品理论的奠基人保罗·萨缪尔森在其1954年发表的论文《公共支出的纯理论》中,就以典型的公共物品——灯塔为例,对公共物品进行了定义。根据他的定义,公共物品具有两个本质特征,即消费上的非排他性和非竞争性。

1965年,布坎南在《俱乐部经济理论》中明确指出,根据保罗·萨缪尔森的定义,公共物品是纯公共物品,完全由市场来决定的物品是私人物品。而在现实世界中大量存在的是介于公共物品和私人物品之间的一种商品,称为准公共物品或混合商品。

随着对公共物品性质认识的逐步加深,对公共物品种类的区分也更加详细,并由此引出了公共物品应该由谁来供给的问题的探讨。从亚当·斯密和J.S.穆勒到A.C.庇古和保罗·萨缪尔森等都把公共物品看作是必须由政府配置的对象,因为当由市场对这些物品进行供给时,会出现供给严重不足甚至完全不予供给的现象,即通常所说的市场失灵现象,而以戈尔丁、科斯等为代表的经济学家却提出了相反的看法。

以保罗·萨缪尔森为代表的福利经济学家们认为,由于公共物品的非排他性和非竞争性特征,通过市场方式提供公共物品实现排他是不可能的或者成本高昂的,并且在规模经济上缺乏效率,从而会对以盈利为目标的市场供给机制造成重大冲击,私营部门将不愿意对这些物品或者服务进行生产和提供。

然而,自20世纪六七十年代以来,随着高福利国家出现其高福利政策难以为继的现象,一批主张经济自由的经济学家纷纷开始怀疑政府作为公共物品唯一供给者的合理性。戈尔丁、V.L.史密斯、H.德姆塞茨以及科斯等人从不同方面论证了公共物品私人供给的可能性。

戈尔丁认为,在公共物品的消费中存在着"平等进入"和"选择性进入"两种可能性,产品和服务采取何种供给方式取决于排他性技术和个人偏好的多样化,而福利经济学却忽视了公共物品供给方式中的"选择性进入"。他提出的"选择性进入"方式为探讨公共物品的私人供给问题,尤其为解决准公共物品的拥挤性问题指明了方向。

其他学者如V.L.史密斯认为,可以通过订立契约来解决公共物品的私人供给问题。如果消费者根据一致性同意原则订立契约,自主地通过市场方式进行供给,那么由于消费者数量有限,其达成契约的交易成本也较小,就会有利于公共物品的供给。这在理论上论证了私人提供公共物品的可能性。

科斯则从经验的角度论证了这种可能性。他在其经典论文《经济学上的灯塔》中以灯塔为例,说明了通过收费模式可以实现一向被认为必须由政府经营的公共物品由私人提供和经营的可能性。

总的来说,这些研究基本上都是针对公共物品的不同性质对公共物品供给主体可能性的研究,这些研究的共识就是认为可经营性的基础设施可以通过公私合作的方式来实现供给,但纯公共物品和准公共物品性质的公共设施仍应以政府供应为主。但这些研究并未涉及更进一步的融资模式的研究。

(二) 关于公共设施建设资金来源的研究

相比古典经济学家,后来的经济学家更加关注公共设施建设需求及公共设施建设资金来源的研究。

20世纪50年代,在研究经济发展资本形成理论的大背景下,西方经济学家也开始了公共设施建设资金来源问题的研究。罗森斯坦·罗丹、罗根纳·纳克斯等人分别在各自著作中提出了公共设施的资本形成方式等理论,即公共设施建设资金来源的理论。

在公共设施需求研究方面,美国经济学家罗根纳·纳克斯于1953年指出,在社会间接资本领域,投资的扩大并不是指将其平均地分配到各部门,而是按照各部门产品的需求价格弹性和需求收入弹性来确定分配的比率。由于公共设施建设中重要部门的需求价格弹性和需求收入弹性均较大,该部门应当被分配较多的投资以弥补其发展的缺陷。纳克斯对公共设施建设融资的研究可以被视为早期对公共设施建设融资体制的探索。

20世纪70年代末80年代初,随着经济发展和城市化浪潮的兴起,公共设施供给不足的问题日益突出,加大对公共设施建设的投资力度已成为各国政府面临的重要问题。但面对公共设施快速增长的需求,各国政府普遍认识到,它们既没有充足的资金,也没有足够的管理能力来满足这种增长要求。因此,从20世纪80年代开始,不论是发达国家还是发展中国家,都开始探索公共设施建设的改革之路,探索更加科学有效的公共设施建设融资体制机制。其中,国外的研究主要是针对其已经实施的改革进行系统的回顾和总结,在基础设施地区差异、基础设施与经济增长之间的关系、基础设施公私合作、基础设施投融资渠道、政府与私人在基础设施建设中的地位及作用等方面展开了较为深入的讨论。

坎宁和费伊把104个国家作为一个整体,以5年为间隔对1960年至1980年这些国家的经济增长情况进行研究,发现交通运输和通信基础设施对经济增长均有较大影响。其中,美国的基础设施投资回报率高达40%,有些国家甚至更高。该研究的结论是基础设施的投资回报率在开始时较低,但最终会很高。因而基础设施应被看作生产要素,它是经济高速增长的条件,它的作用主要是促进全要素生产率的提高。

在公共设施建设融资体制研究方面,世界银行分析了发展中国家的公共设施建设融资问题,认为发展中国家的公共设施建设融资问题应通过向以市场为基础的体制转变寻求突破。在原有体制下,公共设施建设融资的重要来源是通过政府借款等;而新的融资渠道包括建立基础设施开发银行和新的基础设施基金,长远目标必须是扩大国内资本市场,以便其能更有效、更可靠地为公共设施建设融资服务。最后得出结论,随着政府行政管理能力和国内资本市场日益成熟,公共设施建设融资呈现出由项目融资向专业性基础设施金融机构融资,再向资本市场融资转变的发展趋势。

近年来,随着西方资本结构理论的发展与完善,出现了公共设施建设融资应进行以企业为依托的多种融资安排的观点。原来以公共设施建设项目为融资主体进行融资的观点出现了新的变化,新的观点认为应将项目融资和企业融资结合起来,为公共设施建设融资服务。同时,随着企业融资理论的迅猛发展,又出现了内源融资和外源融资相结合供应公共设施建设所需资金的观点。

莱米·普鲁霍梅等(2001)从项目区分的角度研究了融资主体及融资渠道的问题,认为公共设施建设融资应根据可收费和不可收费项目的性质区别对待。对于可收费的公共设施建设项目,投资主体应是受控公用事业公司或政府,其资金来源可以有企业留存收益、借款、公债、股东和税收等;对于不可收费公共设施建设项目,投资主体应以政府为主体,政府可通过税收、政府借款和公债等渠道来融资。

Roy 和 Johannes(2013)也讨论了地方政府为公共设施建设融资的问题,他们从公共设施的功用角度研究,认为公共设施的服务特性决定了其融资渠道的选择。对于能给当地带来普遍利益的公共设施,政府可通过征收地方税为项目建设进行融资,理想的税种包括财产税、机动车燃料税、机动车牌照税和土地税;对于具有区域性内部和外部两种收益的服务,可通过征收地方税和上级拨款融资,而只有区域性外部收益的服务,则可以通过上级拨款融资;对于可定价但具有外部性的服务应该通过向用户收费来解决融资问题;对于可定价但没有外部性的服务则可完全由私营部门来投资经营。

E. S. 萨瓦斯(2017)指出,私人机构介入公共设施生产的方式主要有四种,包括合同承包、特许经营、补助和凭单制。合同承包是指政府通过招标的方式同私营部门、非营利组织签订有关公共设施产品和服务提供的合同。特许经营是指政府将垄断性特权授予某一私营部门,让其在特定领域里提供特定服务,通常在政府机构的价格管制下进行。补助是指对那些收费上有排他性,但公益性或外部性较强的公共设施,政府为了鼓励对这些公共设施产品或服务进行收费,可以对作为生产者的私营部门予以补助。凭单制是指政府部门向有资格消费某一特定公共服务的个体或组织发放购买凭单,有资格接受凭单的个体或组织选择特定的公共服务供给主体,使用凭单进行"消费",服务供给主体用收到的凭单向政府兑换现金。

(三) 关于公共设施建设融资模式的研究

在公共设施建设的具体融资模式方面,国外的研究主要集中于发行市政债券、资产证券化等金融工具的创新等几个方面。

1. 关于发行市政债券融资的研究

回顾国外学者对利用市政债券融资的研究,既有纯理论性质,也有实证分析,但更多的是理论与实证相结合。

在市政债券对于公共设施建设融资功能方面,James(1997)指出,利用市政债券为公共设施建设融资的优势日益明显,一些决策者更是承诺努力加速推进市政债券市场的发展。

有学者提出,市政债券象征了国家、地方政府或其他有资格发行者的一种允诺,即用来偿还贷方借出的资金数量,包含本金及根据固定时间确定的利息。

Kenneth等(2002)指出,市政债券是受全球许多国家和地方政府青睐的公共设施建设融资模式。除此之外,本书还梳理了除美国外的全球市场上市政债券的发行情况,并研究了发行者如何才能成功地在市场上发行市政债券。

2. 关于资产证券化融资的研究

美国证券交易委员会(SEC)将资产证券化定义为:将企业不流通的存量资产或可预见的未来收入构造转变成为资本市场上可销售和流通的金融产品的方案和机制。资产证券化主要是由未来自由现金流支持的,这个现金流是由一组应收账款或其他金融资产构成的资产池提供的,并通过条款确保资产在一个限定的时间内可以转换成现金以及拥有必要的权利,现金流组成的证券也可以是那些能够通过服务条款或者具有合适的分配程序给证券持有人提供收入的资产支持证券。

在资产证券化的融资功用研究方面,Lawrence等(1987)运用最优风险分配模型说明,资产证券化可以改善风险分配,增加计划融资。同时,资产证券化为金融机构和非金融机构提供了一种出售大量固定收益资产组合的机会,并由此获得比直接借款成本更低的融资,降低了风险。

有学者指出,资产证券化的破产隔离机制隔离了破产和重整的风险,从而避免了破产风险。发起人将证券化资产真实出售给具有破产隔离作用的特设目的机构(SPV),将证券化资产与发起人的其他资产隔离开来,因此发起人的破产不会反过来影响投资者获得资产支持证券的偿付,有效地隔离了发起人的破产风险。

也有学者通过研究发现,不动产证券化是以后金融发展的重点,这为土地资产证券化提供了理论依据。西方国家土地资产证券化研究侧重在既定制度下研究土地资产证券化的技术问题,主要包括两个方面:一是应用研究,主要集中在土地证券的产品设计、定价、发行、流通、投资等技术性问题;二是对土地资产证券化中法律制度、会计制度、税收制度、证券发行流通制度的研究。

Walid(1991)从法律角度研究了资产证券化的原因和破产隔离目的、税收目的,以及如何提升资产的回报率、减少资本成本、提供资金来源、进行资产负债匹配等。

还有学者提出应权衡资产证券化的收益与成本来决定是否进行资产证券化。资产证券化的优点包括多样化、能够提高收入、能够克服资本约束与流动性约束等。可见,如果一个机构没有面临资本约束或流动性约束,并且不存在集中化导致的巨大贷款资产风险,则资产证券化的收益并不是非常明显的。虽然具有这些特征的机构也可能采用资产证券化战略,但其成本有可能超过收益。资产证券化战略的成本主要是机会成本,即放弃非资产证券化债券带来的利润所导致的成本。

当前对资产证券化的研究已呈现出微观化和技术化的发展趋势,研究对象也从主要集中在金融机构开始扩展到企业资产证券化等更广泛的领域。

(四)关于公共设施建设管理和风险控制方面的研究

英国等西方发达国家关于公共设施建设管理和风险控制方面的研究主要集中于PPP模式的研究。

PPP模式最先诞生于英国,而且在英国发展得最为成熟。可以说,PPP模式是整个西方国家发展较为成熟、应用范围较广,也比较具有代表性的公共设施建设管理模式,因而其也得到了非常广泛的研究。

PPP模式是政府、非营利性组织和企业基于某个公共设施建设项目而形成的一种合作模式,在这种模式下,合作各方利用各自优势承担相应职能。政府并不是把项目的责任全部转移给私人机构,而是要通过对项目的扶持,实现参与合作各方的利益,同时共同承担责任和融资风险。通过这种合作模式,合作各方可以得到与其单独行动相比更为有利的结果。

目前,国际上对 PPP 模式较新的研究成果当属达霖·格里姆赛和莫文·K.刘易斯(2008),他们对 PPP 模式合作协议框架的构造、PPP 模式合作关系中变量的引入及控制、风险管理、各交易阶段的管理,以及在新兴市场中的应用等多个方面进行了详细的论述,并且提供了一系列的案例分析。

有学者以建设—经营—转让(build-operate-transfer,BOT)为代表,深入地研究了项目的合作策略问题。他们对一个 BOT 项目的发起人或者东道主政府如何制定吸引资金的法律法规和招标计划以及如何吸引各方面的资金参与等作了较为细致的讨论,并提出了具体的合作政策建议和招标方案。他们还提出,应该通过招投标的竞争机制来优化融资结构。

Kumaraswamy(2001)则研究了政府在 PPP 模式中所担当的角色问题。他认为,政府的目标应该是平衡私人机构和公众利益,政府要努力通过政策法规营造一个良好的经济环境,使私人机构能够在项目建设和运营中获得应有的回报,政府也要保证该项目为公众提供优质的服务或产品,从而确保公众利益。据此,Kumaraswamy 提出政府在 PPP 模式的项目中承担的义务主要有两个:一是通过优惠的政策法规将私有资金吸引到基础建设项目中来;二是保证项目高效顺利地实施和完成,为公众提供优质的服务或产品。

也有学者对 PPP 模式的风险进行了深入的研究。他们将项目的实施风险划分为技术风险、金融风险和政治风险,还从投资者能否控制风险的角度,将项目风险大致分成可控制风险和不可控制风险。可控制风险包括信用风险、获准风险、完工风险、生产风险、市场风险、金融风险和环保风险;不可控制风险包括不可抗力风险、政治风险和法规及合约风险。同时,他们还运用敏感性分析方法和蒙特卡洛模拟方法从一个全新的角度研究了较长特许权期限内 BOT 项目中存在的寻租行为和腐败现象带来的一系列风险。

还有学者按照运营项目发展的时间顺序,将风险划分为三种阶段性风险:建设开发阶段风险、试生产阶段风险和生产经营阶段风险。

二、国内文献综述

目前,国内将公共设施建设与资本市场及管理创新等研究连接起来的著作、学术论文基本没有,更不用说加上风险控制的。笔者在知网、万方等各类学术资源门户及数据库中,没有发现一篇将三者连接起来的论文,然后笔者试图用与公共设施建设概念相似的公共设施及基础设施建设结合资本市场和管理创新进行检索,仅发现1篇论文,期刊上的短文也极少。

然而,当笔者把公共设施和资本市场的具体产品,如市政债券、资产证券化、产业基金、公共基金、信托、PPP模式等单独进行进一步检索时,发现有大量的研究文章。笔者仔细研读后发现,大多数研究论文是粗线条和建议性的东西,其原因可能是我国相关产品策略还处于探索中,没有正式实施或者刚刚尝试推出。笔者又把公共设施建设或基础设施建设与管理创新或风险控制连接起来进行检索,结果也没有几篇论文。为了具体了解我国相关研究成果,现对国内文献进行分类梳理如下。

(一)关于我国公共设施建设融资体制的研究

许骏(2003)综合分析了中国基础设施领域投融资渠道的现状,详尽分析了目前主要的融资渠道,并提出了企业可以发行优先股、债券、建立基础产业建设基金等的政策建议。何佰洲和郑边江(2005)分别分析了我国基础设施融资行为的体制性障碍、法律障碍以及制度变迁的动因、主体界定和路径选择。还有学者分析了我国公共设施建设投融资实际采用的主要机制、公共设施建设投融资机制创新的基本要求与原则以及推进我国公共设施建设投融资机制创新的思路和主要方式,即基于项目主体投融资机制的开发和基于资本纽带投融资机制的开发两类主要创新方式。

何建文(2005)指出,公共设施建设投融资市场化改革的实质是开放市场,广泛吸引社会资本进入原来由国有部门垄断的领域;段正梁(2006)从体制上对创新公共设施建设投融资模式进行思考,提出可以通过统筹各项城市建设费、成立公共设施建设基金、建立土地储备制度等方式,寻求更优化的公共设施建设融资的策略;赵骅和潘相麟(2007)认为,政府应以出资人身份参与管理基础设施的投融资运作,针对运行过程中的制度性缺陷和行为能力不足等障碍,采取落实主体地位、决策过程前移、市场化拓展、项目投资合理退出等措施并加以完善;吴殊(2007)则从收费机制和价格体系方面的缺陷强调我国基础设施融资体制的不完善,并提出建立起以价格为主、政策性收费为辅的价格体系。

(二)关于我国公共设施建设融资模式的研究

在具体融资模式上,国内的研究多集中于利用资产证券化、发行市政债券和借助 PPP 模式三个方面。

1. 关于利用资产证券化进行公共设施建设融资的研究

何小峰和宋芳秀(2001)对于资产证券化业务在我国开展遇到的制度障碍,从法律制度、会计制度、税收制度、信用增级与担保制度各方面作出了详尽分析,提出"基础设施收费＋离岸模式",即在国内资产证券化开展存在制度障碍的情况下,采用国内资产国外证券化的模式。他们的研究为当时即将筹划的珠海高速公路证券化融资及广深珠高速公路融资等项目提供了理论依据。

阮青松和周隆斌(2003)探讨了我国开展资产证券化主要的几种可选择资产,包括住房抵押贷款、不良资产以及基础设施资产,并对各种资产的特点进行了详尽的阐述。在对实际案例进行分析的基础上,他们说明了基础设施资产证券化融资比较适合我国经济和制度环境的原因,并对目前开展基础设施资产证券化融资的具体策略进行了比较深入的研究。

周明(2004)提出了三种模式,包括信托模式、城建公司模式和国有资产管理公司模式,为资产证券化在基础设施领域开展提供了可选方案。

高保中(2005)对于在中国推行资产证券化过程中将会遇到的法律制度、会计制度、税收制度、监管制度等问题进行了系统的分析,在借鉴国外相对成熟经验的基础上,提出了我国资产证券化实施的制度构建方案。

李琳(2005)提出了基础设施贷款证券化、基础设施产权证券化、基础设施离岸证券化等三种基础设施资产证券化融资模式。

吴晓灵(2005)指出,可以考虑将其他社会资产直接证券化,如企业应收账款、基础设施收费权、房地产物业租金等。这些资产的证券化可以极大地增加一般企业进入资本市场的机会,成为发展直接融资的重要方法。

沈炳熙(2006)倡导资产证券化应逐步从信贷资产扩展到其他资产,银行信用卡的现金流、企业的应收账款、基础设施的收费项目等都可以成为资产证券化的基础资产,市政设施的经营管理机构可以通过对一些收费型的基础设施实行资产证券化。

2. 关于利用发行市政债券进行公共设施建设融资的研究

潘英丽(1997)着重从我国资本市场角度论述在我国建立市政债券市场的必要性和可行性。他认为只要解决好以下三种关系,市政债券的推出就没有问题。这三种关系包括发展市政债券市场和货币宏观调控的关系、地方政府的资信和债务清偿能力的关系以及资金的跨地区流动和地区间发展差距扩大的关系。

杨轶(2002)指出,市政债券融资作为国际上基础设施融资的重要途径之一,能为有巨大资金需求的公共设施建设开辟新的融资渠道。我国已经初步具备了发行市政债券的基本条件,因此可以考虑选择一些经济发展水平较高的城市作为试点发行地方政府债券。

韩立岩等(2003)参考美国发行市政债券的概况,提出了市政债券违约风险的概念,利用KMV模型建立了市政债券信用风险模型,提出了计算理论违约概率的方法,并用北京与上海的财政收支数据分析不同发债规模下的信用风险,得出了理论违约概率。

尤建新和王皓波(2005)在经过与银行同业拆借利率等统计数据的

比较后，提出以1年期中国人民银行票据收益率作为债券发行的基准利率是当前资本市场中最为合适的选择，他们还讨论了债券发行的宏观经济影响以及风险监管等问题，并以上海世博会期间的城市建设为例，实证研究了债券融资的框架模型。

在市政债券的监管方面，周华和韩立岩(2003)通过对美国市政债券的发行及监管的研究，初步探讨了我国市政债券的发行的监管思路。

郑边江和迟俊辉(2005)指出，受制于现有的法律法规，基础设施市政债券融资方式在我国并没有得到广泛的运用，因此，需要有一个相对完善的法律体系给予充分的法律保障。他们对目前存在的法律障碍进行了全面的分析，并提出了建立专项法律的思想。

李经纬和唐鑫(2014)从国际经验借鉴及经济社会学的角度提出了包括审核、发行、流通、风险控制、绩效考核及问责在内的地方政府债券发行的系统解决方案。

3. 关于利用PPP模式进行公共设施建设融资的研究

在以PPP模式为内容的研究方面，李秀辉和张世英(2002)介绍了PPP模式融资的背景和融资方式，并讨论了PPP模式在城市公共基础设施建设中的应用模型；王丽娅(2003)研究了国外PPP模式应用的基本形式，并对PPP模式在我国基础设施民营化改革中的应用提出了建议；王灏(2004)对PPP模式进行了定义和分类，探讨了PPP模式成功运作的必要条件，并提出了前补偿和后补偿两种适宜交通领域的PPP模式。

陈柳钦(2005)对PPP模式的内涵、目标、运作思路和必要条件进行了阐述，并探讨了在我国城市轨道交通中的适用性等问题。

王海生等(2005)认为，公私合作融资方式是解决我国城市轨道交通建设资金不足、提高轨道交通运营效率的有效途径之一，并介绍了城市轨道交通采用公私合作模式面临的主要风险和障碍，提出了轨道交通项目公私合作融资改进的建设性意见。

董经纬和来庆泉(2006)通过分析城市轨道交通项目公私合作模式的必要性，针对存在的主要制约因素，提出了确立轨道交通需求目标及项目条件、界定政府与私人部门的责任、建立项目可持续经营的投资回报制度、完善有效监管制度等方面的政策建议。

谢伟东和何雯(2006)对公私合作融资模式在我国城市轨道交通中的运用进行了实例分析,探讨了在实际项目中PPP模式所采用的结构设计和风险分担机制,提出选择适宜的金融产品、控制利率风险是该种模式融资成功的关键之一,并为PPP模式在城市轨道交通领域的运作提供了参考意见。

齐艳(2006)综述了国际上流行的几种基础设施项目融资方式,并比较了它们分别应用到我国城市轨道交通建设产生的利弊,得出了PPP模式是我国城市轨道交通吸引民间资本的最好选择的结论,进而讨论PPP模式在轨道交通建设中的具体应用形式,最后再将PPP模式中的SB-O-T形式与融资租赁模式相结合,提出了一种新的城市轨道交通建设PPP模式。

张万宽(2008)将合作博弈理论与交易成本理论相结合,建立了分析PPP模式的理论框架,研究了公私部门之间分配收益和风险的问题,这为研究政府如何提高PPP项目的运行效率奠定了理论基础。

吴孝灵等(2013)在研究了社会资本效益最大化原则的基础上就PPP项目的政府补偿问题提出了相应的政策建议。

在PPP模式风险防范方面,我国学者也进行了相关研究。亓霞等(2009)通过对我国PPP项目的失败案例进行分析,研究了项目失败的主要风险因素,并对其进行了深入的归类与分析;刘新平和王守清(2006)认为,公共部门和社会资本都应该本着双赢的态度将项目的收益与风险进行恰当分配,为给收益和风险分配的落地工作提供参考和指导,他们还设计了具体的分配框架;李辉和徐霞(2008)创造性地将熵值权和模糊综合评价应用于PPP项目风险综合评估与结果分析;李经纬(2015)研究了我国PPP项目实施过程中政府信用风险及其防范问题;李婷(2016)则通过汇总和分析17个政府信用风险引致失败的案例,总结出引发政府信用风险的不同因素。

三、国内外文献评述

(一) 国外文献评述

就西方发达经济体的公共设施建设而言,由于西方发达经济体都是市场经济国家,它们笃信市场经济的效率,认为能交由市场提供的产品应该尽量交给市场。同时,它们认为公共物品的确应该由代表公共利益的政府来提供,相应地,它们关于公共设施建设的相关研究也大都集中在公共设施建设合理主体和实施方案的法理研究上。它们最终的研究结论是:从节减建设成本、提高建设效率的角度分析,即便是纯公共物品性质的公共设施的建设,也都可以通过各种机制交由私人机构承担,所以他们对于具体建设项目的具体融资模式和方案都研究较少。它们认为,交由私人机构建设后,包括融资在内的各项运作方案完全可以遵循市场机制和市场方案落实。在公共设施运营的具体操作方面,国外文献多集中研究在公私合作机制及公私合作背景下政府的各种责任机制和支持机制。国外研究文献各项基础性研究成果对我国公共设施建设的实施具有重要的参考价值。

(二) 国内文献评述

经过对相关文献的搜集、分析,笔者发现国内研究文献主要呈现出以下特点:

(1) 对单一融资模式的研究较多,而对多种融资模式组合、多种金融工具运用的创造性设计研究较少;对可经营性项目的融资方式研究较多,对具有显著公共物品性质的公共设施建设的融资模式研究较少。

(2) 对国外融资工具和融资模式的研究较多,对其在中国的适用性、可行性及结合中国国情进行相应创新的研究几乎没有。

(3) 对市场机制发挥作用的经营性项目研究比较深入,而对于具有显著公共物品性质的需要政府投资占主导地位的公共设施建设的融资模式研究相对不足,尤其是缺少对纯公共物品项目的市场化融资方式的研究。

(4) 对应用性研究较多,对发挥理论指导作用的突破性、创新性基础的研究较少。

（5）关于公共设施建设融资管理和风险控制方面的研究严重缺乏,这可能是因为人们根本就没有意识到这个问题的重要性,或者作为公共设施建设融资这个议题的提出者——地方政府根本就不在乎也无暇顾及管理与风险控制问题,因而没有产生研究的需求动力。由此可见,关于本书研究主题的国内研究文献存在严重的不足,相关研究亟待完善或展开。

第四节　研究方法及研究框架

一、研究方法

本书主要使用一般的理论研究方法,除此之外,实地访谈调查、案例研究、比较研究也是本书常用的几种研究方法。实地访谈调查主要体现在对中国地方公共设施建设及融资状况以及国内外资本市场参与公共设施建设的兴趣、需求、方案设计和特点的研究上;案例研究主要体现在对国际上典型国家地方政府及国内典范地方政府如何利用资本市场为公共设施建设提供服务的研究方面;比较研究在研究各国及国内地方政府经验时有比较充分的体现。在对各类资本市场工具给公共设施建设融资可能带来的成本负担分析时,我们还运用到定量的分析方法。整体上本书是按照环环相扣、步步推进的方法进行研究的。

二、研究框架

（一）研究思路

本书将在充分研究中国地方公共设施建设融资模式的发展历程、现状、存在问题及国外发达经济体资本市场参与公共设施建设模式的基础上,借鉴国际经验,并结合中国体制环境特点和现有条件,研究中国地方政府应该如何有效利用国内外资本市场为公共设施建设服务。为激发和巩固构建地方公共设施建设资本市场融资战略的活力和效率,防止项目风险,本书还将同时研究公共设施建设的高效管理方案以及公共设施建设的投融资风险控制方案等。具体如图1-1所示。

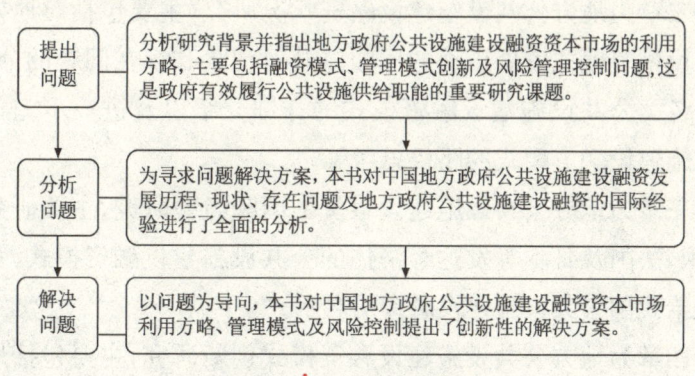

图1-1 本书研究思路

(二) 研究内容

本书主要研究在中国体制环境、现有条件和资源背景条件下,地方政府如何有效利用资本市场为公共设施建设提供高效融资服务。具体包括以下内容:

(1) 目前中国地方政府公共设施建设融资模式发展历程如何、现状如何及问题有哪些？是否有进一步加大地方政府公共设施建设的必要？有无完善路径？其可能的方向是什么？

(2) 地方公共设施建设融资的国际经验有哪些？

(3) 地方公共设施建设融资实施资本市场利用战略的必要性和可行性如何？应该如何设计具体方案？

(4) 为使公共设施建设资金得到充分高效的利用,还应解决公共设施建设管理模式如何科学设计(以现有的融资平台管理体制不足为研究起点)、现行投融资平台企业如何进行改造并发挥作用等问题。

(5) 为保证地方公共设施建设资本市场利用方略的实施效果,还应该研究地方公共设施建设的融资风险控制问题,主要包括公共设施建设风险控制机制、控制工具及具体落实问题。

(三) 研究结构

第一章为导论,主要包括问题的提出及选题意义、相关概念界定、文献综述、研究方法及研究框架,其中研究框架又包括研究思路、研究内容和研究结构。

第二章为地方公共设施建设融资状况研究,主要包括对地方公共设施建设融资模式发展历程的回顾以及对现状和存在问题的分析,还包括对各类公共设施建设融资模式的详细介绍以及进一步完善地方公共设施建设融资模式的路径思考等。

第三章为地方公共设施建设融资的国际经验研究,主要研究了英国、美国、法国及日本等发达经济体的公共设施建设融资模式、管理经验以及给我国公共设施建设融资的启示。

第四章为地方公共设施建设融资模式创新研究,主要包括地方公共设施建设融资思想重建、地方公共设施建设融资战略重构的必要性和可行性分析以及地方公共设施建设融资利用资本市场重构的具体方案。

第五章为地方公共设施建设管理模式创新研究,其研究内容主要包括公共设施建设管理模式创新、地方政府融资平台改造及公私合作机制重构等。

第六章为地方公共设施建设融资风险控制研究,主要包括对公共设施建设风险控制机制管理、职能分工及管理工具等方面的研究。

第七章为研究结论、创新、不足与展望,主要对本书的研究进行相关总结,同时提出了本书的创新点和不足,并对未来可进一步研究的空间进行展望。

第二章 地方公共设施建设融资状况研究

第一节 地方公共设施建设的财政性融资

改革开放之前,我国实行计划经济体制,公共设施建设作为公共物品,长期以来一直由政府单独提供,融资渠道单一,融资额度有限。政府承担了大部分公共设施的投资、建设、管理和运营,各级政府财政投资是公共设施建设融资的唯一的资金来源,这样的状况一直持续到20世纪80年代初。

在公共设施建设的财政性资金融通阶段,地方财政实行统收统支,公共设施建设投资作为固定资产投资的一部分,通过财政预算计划投资。基础设施建设项目被列入基本建设项目,相应地,其投资被列入财政支出预算,建设部门完全按照政府所列的投资计划进行建设。

从1953年到1980年,我国基本建设投资总额中财政预算拨款所占比重为80%左右(表2-1),而其中基础设施建设一直被置于"配套""辅助"地位,仅在全社会固定资产投资总额中占有很低的比重。这种主要依靠政府财政的融资方式,一方面因投入不足造成基础设施建设总体水平的低下,另一方面也导致了资金使用效率的有限及运营管理绩效的降低。中华人民共和国成立初期的城市化主要是由工业带动发展,在"先生产、后生活"的思想指导下,国家和城市在安排投资时对基础设施建设重视不足,公共设施建设整体情况滞后,欠账较多。在"一五"计划期间,公共设施建设投资仅占基本建设投资的 2.6%～3.76%①。

表 2-1 改革开放前中央财政资金占基本建设投资的比重

时期	"一五"计划 (1953—1957 年)	"二五"计划 (1958—1962 年)	"三五"计划 (1966—1970 年)	"四五"计划 (1971—1975 年)	"五五"计划 (1976—1980 年)
比重	88.5%	78.3%	89.3%	82.5%	72.4%

资料来源:《中国统计年鉴 2002》。

改革开放初期,随着国民经济的快速发展,国民生活水平日益提高,国民对基础设施的要求不断提高,原来以财政资金融通为主导的公共设施建设日显不足。在这种情况下,国家采取以下措施进行应对。一方面,国家采取设立新的税种和提高税率的方法,如设立城市维护建设税、开征车船税等,增加城市的财政收入,并对这些收入实行专款专用,以增加对公共设施建设资金的投入。另一方面,一些城市采取对部分基础设施使用收费及提高市政公用产品价格的形式,筹集城市建设资金。例如,通过收取过桥费、城市增容费、排水费、排污费等筹集资金,用于桥梁、道路、能源等项目的建设。

另外,增加行政收费也成为筹措部分公共设施建设资金的手段。行政收费一般采取"受益付费、合理负担"的原则和"取之于基础设施,用之于基础设施建设"的方针,对贷款建设的桥梁、高速公路等基础设施多数通过收取过桥费、过路费等方式来偿还项目建设所花费的资金及利息。同时,国家对一些公用事业的价格相应地作了调整,如调高公共汽车票价、水费、电费、煤气费等,从而增加基础设施建设资金来源渠道。

总之,在改革开放初期,公共设施建设资金的投入主要处于财政性资金融通的阶段,其资金的来源主要有以下四种:

(1) 财政税收,包括城市维护建设税和公用事业附加、城镇土地使用税、城市国有土地使用权有偿出让、国债专项资金等。

(2) 行政收费,包括实施或提高基础设施产品和服务收费等。

(3) 项目配套投资。

---

① 参见张伟于 2005 年撰写的《城市基础设施投融资研究》。

(4) 其他融资,包括市政设施部门专营权有限期出让、引进外资、国内金融机构的短期贷款等。

1951—2005年国家财政基本建设支出如图2-1所示。

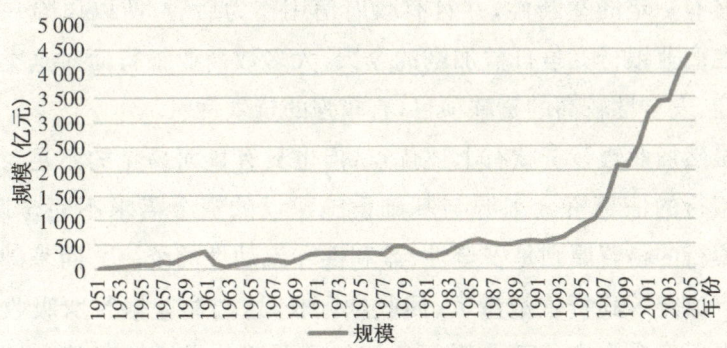

图2-1　1951—2005年国家财政基本建设支出

资料来源:作者根据Wind数据加工绘制而成。

第二节　地方公共设施建设的债务性融资

我国地方公共设施建设的债务性融资是指以出让债权的形式来融通资金。按照贷款来源的不同,债务性融资主要包括以下几种。

一、国内银行贷款

从20世纪80年代开始,随着改革开放的不断深入和扩大,国民经济出现了较快速度的发展,国民对公共设施的需求日渐迫切,公共设施建设资金缺口不断扩大。与此同时,政府在企业改革中实施了减税让利的政策,财政收入在国民收入中的比重增速放缓,居民收入有了较大幅度的提升,居民储蓄连年增加。在单纯依靠财政性资金融通无法满足公共设施建设资金需求的情况下,银行贷款及其他融资渠道开始成为基础设施建设一个重要的资金来源渠道。

(一) 商业银行贷款

商业银行贷款的优点主要包括以下几个方面:第一,资金规模大。

截至 2009 年 3 月,国内商业银行的存款为 12.185 5 万亿元,有充足的资金供应量。第二,使用灵活方便。在贷款程序上,商业银行贷款相对于其他融资方式而言比较简单,融资程序和时间相对较短。第三,基础设施具有一定的垄断性,并且有政府信用作为后盾,所以风险一般较小。在商业银行竞争日益加剧的今天,大多数商业银行面对这类收益较稳定、安全性较高的贷款项目,有较强的贷款意愿。

虽然商业银行贷款有上述优点,但也具有显而易见的不足:第一,商业银行的信贷资金来源与基础设施建设的资金需求不完全匹配。商业银行的经营原则是安全性、盈利性和流动性的统一。而基础设施的特点决定了其贷款数量大、回收期限长,这与商业银行所吸收的存款特点不完全吻合。商业银行负债的主要部分是活期存款和短期存款,发放长期贷款将造成资产和负债在期限结构上的严重失衡,不仅有损银行资金的利用效率,而且会增加银行经营的潜在风险。第二,基础设施相对于经济发展而言具有超前性和先导性,一般来说,其建设要提前于一个地区经济的启动。面对巨额的基础设施建设资金需求量,商业银行贷款一般作为短期资金来源,其长期贷款规模较小。而且,商业银行贷款对基础设施建设来说融资成本偏高,这在一定程度上限制了基础设施建设和发展的资金供给。

(二) 银团贷款

银团贷款又称辛迪加贷款(syndicated loan),是指由获准经营贷款业务的一家或数家银行牵头,多家银行与非银行金融机构共同参加而组成的银行集团(banking group)采用同一贷款协议,按商定的期限和条件向同一借款人提供融资的贷款方式。国际银团是指由不同国家的多家银行组成的银行集团。

对于贷款银行来说,银团贷款的优点是分散贷款风险,减少同业之间的竞争;对于借款人来说,其优点是可以筹集到一家银行所无法提供的数额大、期限长的资金。一般来说,银团贷款金额大、期限长,贷款条件较为优惠,既能保障项目资金的及时到位,又能降低建设单位的融资成本,是重大基础设施建设融资的主要方式。

影响银团贷款利差和费用确定的因素主要有以下几个方面：①贷款市场整体资金供应和利率水平；②项目所处行业的风险状况；③项目本身贷款、担保结构的风险状况；④银企双方之间的谈判策略。

银团贷款的贷款期限是指借款的偿还期和宽限期。贷款期限主要根据项目的实际需要、建设期长短和获得收益的时间及偿还能力等确定。在宽限期内，只支付贷款利息，而不归还贷款本金。

银团贷款中牵头行提交的融资方案框架主要内容包括融资方式、融资金额、期限、价格、结构、币种、提前还款方式、担保框架、其他融资条件、贷款代理行、担保/抵押代理行及保险代理行等，主要内容为核心条件书/清单。

(三) 政策性银行贷款

1994年，中央政府全资设立了首家注册资本金为500亿元人民币的政策性银行——国家开发银行。目前，国家开发银行在国内设有37家一级分行和10家代表处。国家开发银行的主要任务是根据国民经济发展的战略目标和发展方向，以国家信用为基础，依靠市场发债筹集和引导境内外资金，遵循金融规则，利用各种现代金融工具，为国家基础设施、基础产业、支柱产业和高新技术产业重点建设项目提供金融服务，从而促进国民经济持续、快速、健康的发展。国家开发银行自成立以来，在经济建设的各个领域发挥了重要作用，重点支持了电力、铁路、公路、石油石化、通信和城市建设等行业。截至2007年年底，国家开发银行的信贷业务贷款余额为22 616.8亿元人民币，其中，对基础设施、基础产业和支柱产业领域贷款余额为22 301.6亿元人民币，占全部贷款余额的98.61%。

开发性金融是为适应制度落后和市场失灵，维护国家金融安全，增强国家经济竞争力而产生的一种金融形式。开发性金融通常为政府所拥有，赋权经营，具有国家信用，其是用建设制度和开发市场的方法实现政府的发展目标，承担着支持经济发展、融资体制改革及相关金融市场建设的重要任务。开发性金融将融资优势和政府组织协调优势相结合，推动经济发展、体制建设和市场建设。

国家开发银行的开发性金融贷款的适用行业主要是严重制约我国经济和社会发展的基础性和支柱性行业,但其在基础设施建设的投资初期发挥着重大的作用。国家开发银行不直接进入已经高度成熟的商业化领域,而是从不成熟的市场或市场失灵的领域做起。国家开发银行在上述市场中从实现国家战略目标出发,坚持用建设市场的方式,以融资为杠杆,利用政府组织优势,引导资金投向国家需要的基础设施产业。一方面,国家开发银行通过发放软贷款为基础设施产业提供资金,作为其再进行商业贷款的保证;另一方面,在该项目经营步入正轨后,国家开发银行将投资于基础设施项目的债权在市场上进行转让并收回贷款。

2007年年初召开的全国金融工作会议决定,推进国家开发银行、中国进出口银行和中国农业发展银行三大政策性银行改革。其中,先推进国家开发银行改革,按照建立现代金融企业制度的要求,全面推行商业化运作,自主经营、自担风险、自负盈亏,主要从事中长期业务。2008年12月16日,根据国务院决定,经银监会批准,国家开发银行股份有限公司在北京召开成立大会。国家开发银行股份有限公司承继原国家开发银行全部资产、负债、业务、机构网点和员工,注册资本为3 000亿元人民币。在商业化运作的背景下,国家开发银行对于基础设施融资提供的贷款逐渐减少。

二、国际金融机构及外国政府贷款

国际金融机构及外国政府贷款的优点是成本低、期限长、贷款条件优厚,但其资金来源较少,申请或审批的程序较长。虽然这类资金的获取难度较高,但在某些时期和某些地区仍是支持我国基础设施建设的重要力量。

(一) 国际金融机构及政府贷款概况

1. 世界银行贷款

1980年,世界银行在我国开展业务活动。1981年,世界银行向我国提供了第一笔贷款支持我国的大学发展。我国是迄今为止世界银行贷款项目最多的国家。截至2009年2月,世界银行共向中国提供贷款约450.68亿美元,共用于301个项目。世界银行的贷款项目遍布中国各地,涉及许多经济部门和行业,其中基础设施项目占世界银行贷款项目的一半以上,其余为农业、卫生、教育、社会保障和环保类项目。除资金援助外,世界银行与中国合作的项目还包括技术援助、政策咨询、研讨会和培训等方面的非金融服务。

2. 亚洲开发银行贷款

自1986年成为亚洲开发银行的成员以来,截至2007年年底,我国累计接受了亚洲开发银行共计192.5亿美元的贷款援助,是亚洲开发银行的第二大借款国。2007年,亚洲开发银行向我国提供了7.5亿美元的贷款,支持了3个公路项目和1个铁路项目,并提供了3.3亿美元支持城市环境和内河治理、污水治理和饮用水供应等公共设施建设项目。

按照亚洲开发银行《国别合作伙伴战略》的规定,2008—2010年,亚洲开发银行将为中国提供总额约50.6亿美元的贷款,其中交通基础设施占42%,城市发展、供水和公共卫生占24%。

3. 外国政府贷款

外国政府贷款是指一国政府向另一国政府提供的具有一定赠与性质的优惠贷款。根据经济合作与发展组织(OECD)的有关规定,政府贷款主要用于公共设施、环境保护等非营利性项目,若用于工业等营利性项目,则贷款总额不得超过200万元特别提款权。贷款额在200万元特别提款权以上或赠与成分在80%以下的项目,须由贷款国提交OECD进行审核。

我国从1979年开始利用外国政府贷款。目前,我国同日本、德国、法国、西班牙等24个国家建立了政府贷款关系。除英国、澳大利亚、俄罗斯三国外,其余国家级金融机构目前均有贷款余额。截至2008年年底,共有25个国家和5个国际金融机构向我国提供国外政府贷款,其中大部分贷款由中国进出口银行转贷。

(二)国际金融机构及政府贷款特点

世界银行和亚洲开发银行提供的贷款规模大,来源比较稳定,一般都是长期承诺,避免了国内投资者在银根紧缩时无力投入或困难时期不愿意滚动投入的问题。此外,这类贷款的特点是贷款条件优厚,主要用于政府主导型项目建设,集中在基础设施、社会发展和环境保护等领域,具有援助性质,易受贷款国外交及财政政策的影响。

这类资金是具有援助性的贷款,所以一般都具有利率低、偿还期长、宽限期长等优点,但也存在不利因素,主要包括:①贷款政策要求高,贷款提供方根据各自的贷款战略在项目内施加较多的政策要求;②这些项目涉及面较广,导致项目准备时间长,如世界银行和亚洲开发银行贷款一般都需要2年左右的时间进行项目准备;③手续严密,管理严格,贷款资金实行专款专用制,不利于项目单位统筹使用贷款资金;④存在外汇汇率风险和利率风险。总体来看,随着国内金融市场上不断的工具创新和国内融资渠道的拓宽,这些国际贷款的吸引力在下降,但是其条件还是比较优惠的,尤其是外国政府贷款,在一些比较大的项目中,还是可以考虑的。虽然这类低成本资金不可能成为基础设施建设资金的主要来源,但对于某些基础设施的建设来说也算是一种可以争取的资源。

三、发行企业债券

(一)基础设施发行企业债券融资概况

企业债券是指企业依照法定程序公开发行并约定在一定期限内还本付息的有价证券,包括依照《中华人民共和国公司法》设立的公司发行的公司债券和其他企业发行的企业债券。我国发行企业债券始于1983年,现行法律框架为1993年国务院发布的《企业债券管理条例》。在企业债券发行初期,为了规避《预算法》中"地方政府不得发行地方政府债券"的约束条款,企业债券成为地方大型国有企业融资的重要手段,当时发行企业债券主要是为国家重点产业、重点项目进行融资。2008年1月2日,国家发展改革委发布了《国家发展改革委关于推进企业债券市场发展、简化发行核准程序有关事项的通知》(发改财金〔2008〕7号),对企业债券发行核准程序进行了改革,将"先核定规模、后核准发行"2个环节,简化为直接核准发行1个环节。

20世纪90年代初期,以上海城市建设投资开发总公司成立为起步,我国许多城市陆续成立了类似的公共设施建设融资平台,依靠政府信用发行企业债券融资成为公共设施建设融资一个重要的融资方式。这样,通过这些融资平台发行的企业债券已经具有了一定市政债券的性质,并符合市政收益债券的特征。

据不完全统计,从1998年1月1日到2008年11月18日,我国累计发行债券共2 578只,金额累计318 064亿元人民币;以企业或上市公司为发行主体的债券有1 303只,金额累计23 896亿元人民币,其中通过有地方政府信用背景的融资平台发行的企业债券金额累计超过2 168.7亿元人民币。上海城市建设投资开发总公司从成立起到现在,已经成功发行了18期企业债券,累计规模为188亿元人民币。具体而言,基础设施发行债券融资,需要考虑以下几个要点:

(1) 发行债券主体的合规性。企业发行企业债券应根据证券发行相关法律法规及国家发展改革委的要求,具备一定的条件和信用等级,大部分的企业难以符合相关条件。当然,很多地方政府成立的基础设施建设融资平台可以作为独立的企业法人和发债主体。因为该类公司往往拥有一些收益较好的已建成项目的控股权,以此产生的现金流或者有政府的信用背书可以作为发行企业债券的基础。

(2) 发行债券的规模。债券规模的确定取决于当地政府财政状况和建设资金的需求量,可以从财政报表、预算报告以及其他经济、工商业的资料入手分析,利用这些基本资料计算债券还债要求等相关指标来测算、评估债券发行规模。

(3) 债券期限和利率。由于公共设施投资周期较长,投资规模较大,为了保证资金的运营效益和偿债能力,同时考虑通货膨胀因素和投资者的可接受程度,公共设施建设债券应比其他企业债券的期限稍长,一般定在5~10年。在债券利率方面,根据风险收益原则,公共设施建设债券信用风险稍高于国债,所以其利率应该稍高于国债利率,但是不能过高,因为公共设施运营普遍不可能产生很高的收益。

(二) 偿债机制的选择

偿债机制应以政府的财政规费收入和城市建设项目收益为偿债资金来源,通过收回条款、偿债基金、分批偿还、以新债券换旧债券等方式及时、足额还债。

(三) 基础设施债券融资的适用性分析

发行企业债券是比较符合公共设施行业现金流形成特点的融资方式。公共设施建设项目通常具有投资规模大、投资期长、建成后运行维护成本低、现金流回报稳定但不高等特点。而企业债券融资方式的主要特点是:一次性融资规模大、资金使用稳定、投资方向相对自由、资金成本低、需要可靠的偿债保证等。从理论上讲,根据基础设施建设行业现金流的形成特点,发行企业债券对城市建设投资企业是一种非常合适的融资方式。

同银行贷款相比,发行企业债券利用资本市场进行融资具有明显优势。资本市场规模大,资本市场发行的债券还款期限较长,债券发行方进行项目融资时,可以充分利用债权设计的灵活性,提高信用等级,降低项目的融资成本。因此,企业债券是从资本市场筹集资金,弥补建设资金不足,支持城市建设的一条有效途径。

然而,企业发行公共设施企业债券融资也有其约束性。按照相关法规,企业公开发行企业债券需满足以下几个主要条件:①发行主体存续期不得低于3年,股份有限公司的净资产不低于3 000万元人民币,有限责任公司和其他类型企业的净资产不低于6 000万元人民币。②累计债券余额不超过企业净资产(不包括少数股东权益)的40%。③最近3年可分配利润(净利润)足以支付企业债券1年的利息。④筹集资金的投向符合国家产业政策和行业发展方向,所需相关手续齐全。用于固定资产投资项目的,应符合固定资产投资项目资本金制度的要求,在原则上累计发行额不得超过该项目总投资的60%;用于收购产权(股权)的,按照该比例执行;用于调整债务结构的,不受该比例限制,但企业应提供银行同意以债还贷的证明;用于补充营运资金的,不超过发债总额的20%。

相对于1993年的《企业债券管理条例》，这些限制条件虽然已经比较宽松，但是基础设施领域内企业的现状仍是各地发展不均衡，在企业规模、财务状况等关键指标上差别很大。据了解，目前上海、北京、天津等国内经济发达城市的基础设施建设投资公司很多已经都被评为AAA级信用企业，这些企业发行的企业债券在资本市场上有较强的吸引力，成为众多投资机构进行资产配置的重要品种。然而大多数城市的基础设施融资平台，特别是在一些中小城市，由于地方财政收入、企业盈利状况、存续期限等因素的制约，暂时并不具备发行企业债券融资的条件。因此，在目前的法律法规框架和管理体制下，发行企业债券虽然在理论上是合适的融资方式，但并不能在国内大范围推广。

四、保险资管计划

（一）保险资管计划概况

2006年3月14日，中国保险监督管理委员会（以下简称"保监会"）发布的《保险资金间接投资基础设施项目试点管理办法》中明确规定，保险资金允许投资基础设施项目，可以采取债权、股权、物权及其他可行方式。这三种方式中使用最多的是保险资管计划。保险资管计划是指委托人将其保险资金委托给受托人，由受托人按委托人意愿以自己的名义设立投资计划，投资基础设施项目，为受益人利益或者特定目的，进行管理或者处分的行为。投资计划是指各方当事人以合同形式约定各自的权利义务关系，确定投资份额、金额、币种、期限、资金用途、收益支付和受益转让等内容的金融工具。

在保险资管计划安排中，主要当事方有委托人、受托人、受益人、托管人、项目方、担保人以及独立监督人。委托人即保险公司，受托人为资产管理公司，受益人在合同成立时即委托人，托管人为指定的第三方银行，项目方为承担基础设施项目建设的单位，担保人为愿意出具担保意向函的银行或其他资质公司，独立监督人为聘请的第三方独立机构。在投资计划终止后，受托人应当在终止之日起90日内，完成投资计划清算工作，并向有关当事人和监管部门出具经审计的清算报告。

保险资管计划一般包括以下内容：投资计划概述、项目所在区域的经济社会发展状况分析、项目方财务状况评估、投资项目评估、投资计划信用评估、投资计划的可行性评估以及风险因素与对策分析几个部分。下面分别解释其内容：

（1）投资计划概述。投资计划概述主要包括投资计划基本要素、投资项目概况、投资计划当事方情况以及投资计划交易结构的安排。

（2）项目所在区域的经济社会发展状况分析。由于项目的运营受到区域经济发展的影响，所以在进行保险资管计划的时候要考虑到项目所在经济区域的经济社会发展状况及前景，以及项目所在地的发展状况及前景。

（3）项目方财务状况评估。项目方财务状况评估主要包括项目方简介和项目方财务状况分析及评估。前者包括介绍项目方的基本情况、公司职能、股权结构、公司治理状况、关联企业等；后者主要是详细描述项目方的主要财务数据、资产状况、负债状况、权益状况、经营状况、现金流状况以及或有事项，并对此作出评估。

（4）投资项目评估。投资项目评估主要包括项目的名称、批复情况、法人概况、项目背景、预算评估、技术与建设可行性评估、效益评估，并在作出综合评估的基础上，提出风险分析及相应对策。

（5）投资计划信用评估。投资计划信用评估主要包括项目方的信用记录、企业债券的发行情况、项目方的当前偿债能力分析、未来偿债能力分析、信用增级措施、担保方担保能力评估以及投资计划信用能力评估等。

（6）投资计划的可行性评估。投资计划的可行性评估主要包括客观评价该投资计划的可行性和阶段性的要点。

（7）风险因素与对策分析。风险因素主要包括利率风险、偿付风险、投资资金代理人风险、流动性风险、项目经营风险、政策风险、项目早建风险、早偿风险等。

（二）保险资管计划的适用性分析

由于保险公司的保费收入一般是长期性的稳定资金,期限与基础设施修建所需要的资金具有一致性,保险资管计划的推出,既解决了大量保险资金的出路,又为公共设施建设提供了可观的资金供给。因此,保险资管计划适合不方便进行银行贷款、暂时不具备债券发行条件、不具备上市资格的基础设施项目。在公共设施建设融资模式由间接融资逐步向直接融资过渡的过程中,保险资管计划这种创新的金融工具将会起到越来越重要的作用。

与发行企业债券融资的制约条件一样,目前保险资管计划在我国并不具备大范围推广的条件。《保险资金间接投资基础设施项目试点管理办法》明确规定,投资计划以债权、股权及其他可行方式投资的基础设施项目,应当符合一系列条件,其中主要有:①自筹资金不得低于项目总预算的60%,且资金已经实际到位;②项目方资本金不得低于项目总预算的30%,且资金已经实际到位。此外,还要对基础设施项目进行综合评估、预算评估、运营评估、效益评估、当事人评估、投资信用评估和投资风险评估等多方面的评估,以最终确定保险资管计划的可行性。如此严格的限制条件使得保险资金间接投资基础设施只能在少数城市的基础设施项目及投融资平台进行试点。目前,国家保险业监管部门已出台新的推广管理办法,开始推广这一金融产品。2019年,适用金融全行业的资管新规出台,这使得保险资管计划为公共设施建设融资变得更为严格和困难。

五、中期票据融资

(一)中期票据概况

中期票据是指经监管当局一次注册批准后、在注册期限内连续发行的公募形式的债务证券,期限通常在5~10年。同企业债券相比,中期票据的最大特点在于发行人和投资者可以自由协商确定有关发行条款(如利率、期限以及是否同其他资产价格或者指数挂钩等)。

在我国,中期票据是由中国人民银行主导的银行间债券市场中一项创新性债务融资工具,是由企业发行的中等期限的无担保债,属于非金融机构的直接债务融资工具。中国人民银行于2008年4月15日发布了《银行间债券市场非金融企业债务融资工具管理办法》，由此推出首批中期票据，结束了企业长期缺失中期直接债务融资工具的局面，受到了市场热捧，但2个月后由于种种原因暂停，直到2008年10月再次启动。2008年12月13日，国务院办公厅下发《关于当前金融促进经济发展的若干意见》（国办发〔2008〕126号）的第十三条提出，"扩大债券发行规模，积极发展企业债、公司债、短期融资券和中期票据等债务融资工具"。

目前来看，中期票据的主要投资者有商业银行、证券公司、财务公司等，商业银行是中期票据的主要投资者，因为其对税收敏感度较高，而对流动性敏感度较低。未来一段时期内，基金、保险对中期票据的需求同样很大。然而，作为债券市场第二大机构投资者，保险机构并不能投资所有债券品种，未纳入2005年保监会发布的《保险机构投资者债券投资管理暂行办法》的债券品种均不在可投资之列。保险公司投资的品种只限于投资有担保的企业债券，除短期融资债券外，无担保债券不能纳入其投资范围。因此，政府若想以发行中期票据的方式吸引保险机构的大量资金，需对有关法规作出进一步完善。

目前，发行中期票据的对象主要集中在重点行业的国有大型企业或国家部委，如中国电信、中化集团等，公共设施行业的中期票据发展较慢，只是在北京、上海等城市开始尝试，尚未进行大规模推广。2008年12月21日，中国银行间市场交易商协会向北京市基础设施投资有限公司发出接受注册通知书，接受其2008—2010年发行40亿元中期票据的申请。2008年12月22日，上海城市建设投资开发总公司发行了2008年度的第一期中期票据，规模为30亿元。在所募集的这30亿元资金中，15亿元用于上海城市建设投资开发总公司的企业债务结构优化，置换公司即将到期的商业银行短期借款；10亿元用于补充其中期流动资金；5亿元用于基础设施建设投资，主要包括A15机场高速公路项目（2亿元）、西藏南路越江隧道项目和外滩通道改建工程（1亿元），而在外滩通道改建工程中，通过中期票据募集的资金（2亿元）是用于市政财力资金到位前的过桥资金。

(二) 中期票据的适用性分析

发展中期票据可以填补我国公司债务市场的空白。从以上分析可知,尽管中期票据与商业票据、公司债券存在着一定的竞争性,但是,中期票据的灵活性使得它更多地填补了其他两类债务工具所没有的金融功能。因此中期票据同商业票据、公司债券一起构成了公司债务市场稳定发展的三根支柱。

因为中期票据的发行方式非常灵活,融资者可以通过细分客户从而扩大潜在投资者群体。基于这种灵活性,在同一个中期票据发行计划中,发行主体可以针对某种机构资金的特性,发行期限匹配的票据,这对发行方和投资方来说都有利。此外,中期票据市场表现活跃,流动性较好,在国债、金融债收益率相对走低的态势下,收益率较高的中期票据吸引了众多大型资金机构。

由于目前发行中期票据的企业均为资质较高的大型央企,中期票据均为无担保品种,主体评级全部为AAA级别,高信用评级为它们的发行提供了较好的支持,但同时也带来了发行主体信用资格难以推广的问题。据了解,目前只有上海、北京、天津等城市的几家公共设施投融资平台具备AAA级别的主体信用资格,因而这一融资方式目前只适用于有限数量的主体。但如果放宽发行主体信用资格,假定未来发行主体的资质下降、发行规模大幅增加,又有可能造成中期票据利率水平的上移,这是融资者需要考虑的成本问题。

第三节 地方公共设施建设的权益性融资

中央或地方政府由于资金所限,对公共设施建设的投入存在实际困难。商业银行因为其自身经营中安全性和流动性的需求,一般不愿意向规模大、期限长的公共设施项目提供贷款。随着国家开发银行商业化改革的加快,依靠政策性银行提供大额低息贷款投资基础设施的模式受到了一定程度的约束。因此,依靠资本市场进行权益性融资成了公共设施建设融资潜在的重要渠道。许多发达国家和发展中国家都积极利用资本市场为其公共设施建设筹措资金,但在中国的资本市场,这种方式却没得到充分利用。随着公共设施市场化改革的深入以及经济、技术条件的发展,公共设施建设会出现更多地利用资本市场进行权益性融资的趋势。

一、股票市场融资

公共设施建设的权益性融资主要是指利用股票市场和资产交易市场融资,资本市场有效地连接着中长期资金的供求双方,资金盈余部门通过资本市场把多余的闲置资金借出去,资金缺乏部门从资本市场筹措所需的资金,通过资金的流动,引导社会资源的合理配置,实现生产要素的优化组合,促进国民经济各部门协调、均衡的发展。

一般来说,进入证券交易市场的公共设施都是可经营性项目,具有收益上的稳定性和长期性,可以保证投资者持有证券的保值和增值,有利于资本市场的发展。

(一)上市融资概况

上市融资是指企业为融资而进行股票发行或交易的行为。其所融入的资金为企业的权益资金,代表了投资者对企业的所有权。上市公司股权融资是建立在股票公开发行和交易的基础之上的,基础设施建设项目承建机构通过改制设立为股份有限公司,在境内外发行股票筹集建设资金。

1990年,中国的A股市场设立后,公共设施就开始了利用股票市场进行融资的尝试。伴随着证券市场的不断发展壮大,公共设施利用股票市场进行融资的规模也越来越大。因为经营性的公共设施具有收益长期稳定的特性,所以可以由政府通过对资产的整合配置,提取其中的核心优质资产进行打包,设立专门的公司,在达到企业上市所必需的标准后,进行上市融资。

1992年,上海以上海市城市建设投资开发总公司对凌桥水厂的1.2亿元人民币投资作为国家股组建了上海凌桥自来水股份有限公司,以上海市自来水公司水源厂(黄浦江上游引水一期工程形成的原水生产设施)的全部资产净值作为国家股组建了上海市原水供应股份有限公司。这两家上市公司通过发行股票及以后年度的增资配股,先后从证券市场为上海的引水工程与水厂建设筹资约23亿元人民币。

目前来看,沪深两市有公共设施概念的 A 股上市公司总数近100家,其中供水板块共9家,公路桥梁板块共19家,电力板块共58家,还包括部分供热供气板块和房地产板块上市公司,此类上市公司俨然成为 A 股市场的一道独特风景,它们的一个共同特点是大股东具有较强的资源整合能力,且受政策扶持,因此,公共设施上市融资具有较大的发展潜力。

以高速公路类企业上市融资为例,公路类项目收益稳定,公路交通量增长较快,公路行业受国家政府支持保护而享有产品定价权,因而其具有较强的行业垄断性,投资风险较小,适合通过发行股票来筹集资金,并且有较强的股本扩张能力,成长性良好。

据不完全统计,截至2009年2月20日,全国共有19家高速公路类的上市公司,分布在17个省市。此外,各地还有其他类型的基础设施企业上市公司(如环保、水务等),基础设施企业上市公司之间的交叉持股现象也很普遍。可以说,在目前我国公共设施的融资方式中,上市融资已经成为一个重要组成部分。

(二)上市融资的适用性分析

就总体而言,基础设施行业利用证券市场筹资适应了新形势下国民收入分配格局和筹资渠道多元的变化,并且契合了基础设施行业投资回报的具体特点,这些都使得基础设施行业利用证券市场筹资具有较强的可行性。具体适用性表现如下:

(1)证券筹资所得资金的长期性和稳定性符合可经营性基础设施的现金回流特点及融资需求特点。证券筹资可以通过发行中长期债券或股票来筹集和融通资金,债券偿还的长期性和股票筹资的稳定性能够保证对经营性基础设施的持续资金投入,符合基础设施行业资金占用时间长、后继资金必须稳定供应的特点。

(2) 可经营性基础设施投资的安全性和长期效益必将确保投资者持有证券的保值和增值,从而进一步促进证券筹资的发展。某些经营性基础设施部门的社会效益高、公共性强,这无疑为证券筹资提供了良好的信誉保证,而且只要将部分基础设施产品的价格调整到适宜水平,就能满足社会公众对其盈利性的要求。

(3) 相对于其他几种筹资方式而言,证券市场筹资能以较短的时间在更广泛的范围内,更有效地运用社会信用,募集到利率相对较低的长期资金,满足经营性基础设施筹资的规模性要求。

此外,公共设施利用股票市场融资还有以下优点:①一次发行能为基础设施建设提供大规模、长时间的资金支持,符合基础设施建设资金的需求特点;②能在短时间内筹集基础设施建设所需的巨额资金,并且股权资本不需要偿还本金、支付利息;③能通过股权的激励机制,提高上市公司的运营效率,间接作用于基础设施的建设;④可以提高基础设施企业的知名度和信用等级,有利于企业进行再融资或发行可转债等再融资活动。

二、其他权益性融资方式

(一) 股权投资计划

股权投资计划是以公共设施股权的方式进行融资的,但与上市融资不同,股权投资计划主要是针对特定机构(如保险资金),往往通过信托的方式出让部分股权进行融资,必要时可以附加诸如担保等在内的其他条件。其实质是股权资产信托(证券)化,是通过信托制度的特殊机制依靠优质或能够产生稳定现金流的股权资产来进行融资的方式。这种方式既可以满足股权持有者的融资需求,也为投资者开辟了一种新的投资渠道。保监会于2006年3月14日发布的《保险资金间接投资基础设施项目试点管理办法》明确规定,保险资金允许投资基础设施项目,可以采取债权、股权、物权及其他可行方式。

具体来看,股权投资计划通过信托方式可分为四种情况:第一种情况是委托人先将持有的公司股权委托信托机构设立股权信托,然后再将股权信托受益权向社会投资者进行转让,从而实现融资的职能。第二种情况是为了避免股权过户,委托人将股权收益权设立信托,然后再将股权信托受益权向社会投资者进行转让,以股权质押实现风险控制。第三种情况是信托公司设立股权投资信托,由第三方(往往是股权投资对象的关联方)到期回购股权来实现受益人的收益,典型案例如杭州工商信托推出的浙江水泥有限公司股权投资资金信托计划。这种情况虽然形式上是股权投资信托,但其本质还是实现融资的目标,因此也可以理解为是股权融资信托的一类。第四种情况是股权投资信托,信托期间届满时关联方回购股权实现受益人收益,但为了进一步加强对股权投资对象(企业)的控制力,其将受益人设计成优先和劣后两种形式,股权投资对象的关联方成为劣后受益人,从而放大了信托公司对股权投资对象的控制力。

由于股权投资计划涉及保险资金的长期安全性和收益性问题,比保险资金相对复杂,加之此规定只是以试点管理办法推出,所以股权投资计划目前仅处于试点阶段,在中国公共设施的融资模式中应用较少。

(二) 公私合作

1. 公私合作概况

公私合作是指公共部门和私营部门为共同提供公共服务,以正式协议的方式建立起来的长期合作关系。在合作关系框架内,公共部门和私营部门发挥各自优势,分担风险,共享收益。公私合作具体的合作关系非常灵活,包括特许经营、建立合资企业、合同承包、管理者收购、合同管理、国有企业的股权转让和对私人开发项目提供政府补贴等。

公共设施通过公私合作的方式进行融资活动,不仅可以吸引大量的民间资本进入公共基础设施领域,保证建设资金的充足供应,还能够通过多种产权方式的安排,激励和提高公共设施的运营效率。

就我国实际情况来看,从1994年到2006年,据不完全资料统计,民营经济参与公共设施建设的领域有污水处理、自来水供应、燃气行业、公共交通、垃圾处理等多个重要基础设施领域,如表2-2所示。

表 2-2 民营经济参与公共设施一览表

年份	企业名称	投资项目	投资金额
1996	泰晤士集团取得上海市大场水厂 20 年经营权	自来水厂	6 800 万美元
1997	威迪望集团取得天津凌庄饮用水厂 20 年特许经营权	饮用水厂	3 000 万美元
1998	威迪望集团与成都市自来水厂六厂	自来水	1.1 亿美元
2001	北京市通州区污水处理厂与美国 AEPA 集团	污水处理厂	—
2002	上海市竹园第一污水处理厂与上海友联公司	污水处理厂	—
2002	德国柏林水务公司与天津滨海区污水处理厂	合资水务公司,用于污水处理,中水回用	1 亿美元
2002	天津泰达股份有限公司与天津某国有绿化公司	绿化及绿地养护	—
2003	中信集团联合体	国家体育场	14.4 亿元人民币
2005	"香港地铁公司—首创集团"联合体	北京地铁 4 号线	46 亿元人民币

自 2015 年中央政府允许各级地方政府普遍使用 PPP 模式之后,PPP 模式在各个区域遍地开花,各级、各类 PPP 项目数不胜数。截至 2017 年年底,全国 PPP 项目累计投资额已突破 16 万亿元,PPP 模式暴露出的明股实债、重建设轻运营、PPP 项目范围泛化、PPP 项目优先级失控等乱象开始引起中央政府的高度警惕。国务院国有资产监督管理委员会(以下简称"国资委")发布《关于加强中央企业 PPP 业务风险管控的通知》(国资发财管〔2017〕192 号),通知中明确提出要进行总额控制。一是科学决策。严禁开展不具备经济性的项目,严厉杜绝盲目决策;在通过财政承受能力论证的项目中,优先选择发展改革、财政等部门入库项目。二是控制规模。企业集团对 PPP 项目的净投资原则上不得超过上年集团净资产的 50%;资产负债率高于 85% 或近 2 年连续亏损的子企业不得单独投资 PPP 项目;各中央企业在 PPP 项目

中的负债需要有地方政府运营收益保证,无保障的项目需要退出或重新进行设计,不得只提供融资,不参与建设或运营。三是落实融资。企业可以吸引各类股权类受托管理资金、保险资金和基本养老保险基金等参与投资,但要同股同权,不得为其他方股权出资提供担保等。四是严格并表。五是坚决整改。对不具备经济性或存在重大问题的项目,企业应实行该停坚决停止、未开工的项目不得开工等一系列政策。

财政部、国家发展改革委对地方政府的部分不合规行为也作出了明确规定。规定在 PPP 项目中,政府不得有以下行为:①政府及其相关部门不应为项目公司或社会资本方的融资提供担保;②政府与社会资本合资设立项目公司的,不得在股东协议中约定由政府股东或政府指定的其他机构对社会资本方股东的股权进行回购安排;③当期政府不得以购买服务支出代替 PPP 项目中长期的支付责任,规避 PPP 项目相关评价论证程序;④PPP 项目实施不得采用建设—移交(BT)方式;⑤政府不得以固定回报承诺、回购安排、明股实债等方式承担支出;⑥严禁政府以 PPP 项目名义举借债务。

2. PPP 模式融资的具体运作过程

实施 PPP 模式融资的具体运作主要包括以下几个过程。

1) PPP 模式的融资过程

以 PPP 模式运作的项目建设是由政府和私人组织合作成立的特别目的公司(special purpose company,SPC)组织实施的。政府先选择与之合作的私营部门(包括私人或私人团体),并合作成立 SPC。政府赋予 SPC 基础设施项目的特许开发权,由 SPC 取代政府组织项目的开发,项目的资金主要来源于私营部门的出资以及 SPC 向银行的贷款。这样,政府部门通过部分权益的转让达到了融资的目的,虽然在有些情况下,政府也会进行部分投资。

项目的一切开支(如设计费、建设费、咨询费等)由 SPC 负责。项目建成后,SPC 通常在一定期限内拥有项目的经营权,在经营期限内,SPC 以向享受公共物品服务的使用者收费的方式回收资金,经营期满,SPC 将经营权转交给政府。在某些情况下,SPC 同时拥有基础设施的产权。

2) PPP模式的资金运作流程

在PPP模式下,项目的资金运作是一个复杂的系统。私营部门的直接投资以及政府的资助资金形成SPC的资本金,构成项目的直接融资部分;贷款、租赁和其他方式筹集的资金构成项目的间接融资部分,它们共同组成项目的总投资,用于项目建设和项目运营所必需的固定资产、流动资产和无形资产。在项目运营过程中获得的收入,扣除当期的运营成本和税金,构成当期的利润。税后利润按照资金规划进行分配,包括向金融部门还贷和向SPC投资主体分配红利等。

3. PPP模式在我国的主要运作方式

PPP模式存在的基础是合同、特许权协议和所有权的归属,在此基础上可以采用多种形式来实现。根据我国的实际情况,以PPP模式实施的基础设施项目的运作方式主要有服务外包(service contract)、运营和维护的外包或租赁(operations and maintenance contract or lease)、租赁—建设—经营(lease-build-operate,LBO)、购买—建设—经营(buy-build-operate,BBO)、建设—转让—经营(build-transfer-operate,BTO)、建设—经营—转让(build-operate-transfer,BOT)、建设—拥有—经营—转让(build-own-operate-transfer,BOOT)、外围建设、建设—拥有—经营(build-own-operate,BOO)等。

(1) 服务外包。服务外包是指与基础设施有关的某些特定服务,可以以合同的形式发包给私营部门去完成。例如,铁路部门的售票、清洁和餐饮服务;供水系统的读表、寄发账单和收费服务;公路路面的清洁等。在这种形式下,公共部门拥有基础设施的产权。除了被承包出去的服务,公共部门对这些基础设施的管理和维护承担全部责任,并承担全部的商业风险。私营部门的承包者的收入报酬主要基于以下的因素:工作量或工作时间、收费标准、付款方式、成本附加原则等。服务承包合同的期限一般在5年以下。

(2) 运营和维护的外包或租赁。公共部门与私营部门签订专门的合同,将基础设施的经营和维护工作交由私营部门去完成。这种方式和服务外包有些相似,公共部门依然拥有基础设施的产权。在这种模式下,私营部门对基础设施的经营和维护承担全部的责任(通常被称为 O&M 合约),需要作出日常经营决策,但不承担任何资本上的风险。经营和维护实行合同承包的目的在于提升基础设施服务的效率和效果。基础设施被租给私营部门后,私营部门通常要向用户收费,并向政府部门支付一定的租金。

(3) 租赁—建设—经营(LBO):在 LBO 形式下,私营部门被授予一个长期合同,利用自己的资金扩展并经营现有的基础设施。私营部门通过合同条款享有收回投资并取得合理回报的权利,同时向拥有基础设施产权的政府部门交纳租金。这种方式可以避免基础设施完全被私人拥有可能遇到的法律问题。在美国,最大的公私合作经营的机场是斯图尔特机场,该机场规模庞大但发展水平很低,目前已被租赁给一家英国公司进行建设和经营,租期长达 99 年。

(4) 购买—建设—经营(BBO):在 BBO 形式下,现有的基础设施被出售给那些有能力改造和建设的私营部门,私营部门在特许授权下,永久地经营这些基础设施。这种形式类似于政府撤出资本,撤资后让公司在特许权下运营。在出售前的谈判中,政府部门通过特许协议对基础设施服务的定价、进入、安全、质量以及噪音、未来的发展等作出规定并实施政治控制。美国第一起污水处理设施的出售就是在俄亥俄州的富兰克林市以这种形式进行的。

(5) 建设—转让—经营(BTO):在 BTO 形式下,来自私营部门的开发商负责基础设施融资和建设。一旦建设完毕,该私营部门就将基础设施的所有权转移给有关的政府部门。然后,政府部门再以长期合约的形式将其外包给开发商。在合约规定的租期内,开发商通过向用户收费的方式以及其他商业活动经营这些基础设施,收回自己的投资并取得合理回报。

(6) 建设—经营—转让(BOT):BOT 形式是目前国内采用最早也最多的一种公私合作模式。在政府授予的特许权下,私营部门可以为基础设施建设融资并建设、拥有和经营这些基础设施(有时也被称为建设—拥有—经营—转让，即BOOT）。在特许权期内，私营部门可以向用户收取费用，期限结束后，基础设施的所有权就转让给有关的政府部门。BOT形式与BTO形式十分相近，但在基础设施转让给政府部门前，所遇到的法律、规制以及债务问题比BTO形式更多。尽管如此，在新建基础设施方面，BOT形式仍然是当前世界上最为常见的公私合作形式。与出售和授予永久特许权相比，政府在BOT形式下对这些项目拥有战略上的控制权，这也是BOT形式得以广泛应用的重要原因。

（7）外围建设：在外围建设形式下，私营部门可以投资兴建现有公共基础设施的一些附属设施，然后在一定的期限内经营整个基础设施。这个期限可以是固定的，也可以以私营部门收回投资并取得合理报酬的期限来确定。在这种形式下，私营部门可以保持对自己所建的附属设施的所有权。这种形式的优点是政府部门在资金和技术不足的情况下仍然能扩展基础设施的服务。

（8）建设—拥有—经营（BOO）：在BOO形式下，私营部门的开发商通过特许权投资兴建基础设施，同时，私营部门拥有这些基础设施的所有权并负责经营。当然，这种特许权的获得并不是无条件的，私营部门必须接受政府在定价和运营方面的种种规制。这种长期所有权为民间资本注入基础设施建设提供了重要的财政上的激励，并在世界各地得到了广泛的应用。

PPP项目在我国基础设施建设中的主要运作方式如表2-3所示。

表2-3　PPP项目在我国基础设施建设中的主要运作方式

设施类型	使用的方式
已有设施	服务外包
	运营和维护的外包或租赁
原有设施扩建	租赁—建设—经营
	购买—建设—经营
	外围建设

(续表)

设施类型	使用的方式
新设施	建设—转让—经营
	建设—经营—转让
	建设—拥有—经营—转让
	建设—拥有—经营

第四节 地方公共设施建设的其他融资方式

一、资产证券化融资

(一) 公共设施资产证券化融资概况

公共设施资产证券化融资是指通过发行资产支持证券来融资的一种方式,它把缺乏流动性但能够产生可预见的稳定现金流的资产或收益权,通过一定的结构安排,对资产中风险与收益要素进行分离与重组,进而转换成为在金融市场中可以出售和流通的金融产品。在该过程中资产或收益权被出售给一个特设目的机构或中介机构,然后,该机构把该资产或收益权作为基础资产发行资产支持证券以获取资金。资产证券化的目的在于通过其特有的提高信用等级的方式,使原本信用等级较低的项目照样可以进入资本市场,利用该市场信用等级高、安全性和流动性高、利率低的特点,大幅度降低募集资金的成本。

资产证券化作为一种项目融资方式,起源于20世纪70年代初。目前,美洲、欧洲及亚洲许多国家已开始推行它,并形成了比较完善的运行机制。中国理论界探讨资产证券化也已经有10多年的历史,尽管资产证券化在我国的实践并不普遍,但其中也不乏成功案例。

同其他融资方式相比,资产证券化可以不受项目原始权益人自身财务条件的限制,绕开一些客观存在的壁垒,筹集大量资金,具有很强的灵活性,因为它只要求资产的未来现金流入具有稳定性和可预测性,而这种未来现金流由于其载体不再属于原始权益人从而和原始权益人的财务条件无关,这一特点比较适合公共设施融资。我国大多数公共设施建设项目,如高速公路、港口、码头、飞机场、发电厂等项目的经济效益较好,具有稳定的可预测的现金流,是优良的证券化资产,但其资金周转的时间比较长,需要占用长期投资资金,运用资产证券化可以在很大程度上解决这一不足。而可经营性的公共设施项目资产权益相对独立,同类资产的历史统计资料完备,现金收入具有规律性,可以较为准确地预测,这可以作为资产证券定价的市场基础。考虑到公共设施建设项目对经济建设的贡献,政府一般愿意为发行证券进行信用增级并提供担保。这对于公共设施进行资产证券化方式融资是一个非常有利的条件。

1996年8月,珠海市以交通工具注册费和高速公路过路费为支持发行了两批共2亿美元的资产支持证券,这是资产证券化在我国较早成功的尝试。1997年5月,重庆市政府与亚洲担保公司及豪升ABS(中国)有限公司签订了资产证券化合作协议,这一协议被认为是中国开展资产证券化的重大突破,为我国大力开展基础设施资产证券化积累了经验,并奠定了坚实的基础。资产证券化交易结构如图2-2所示。

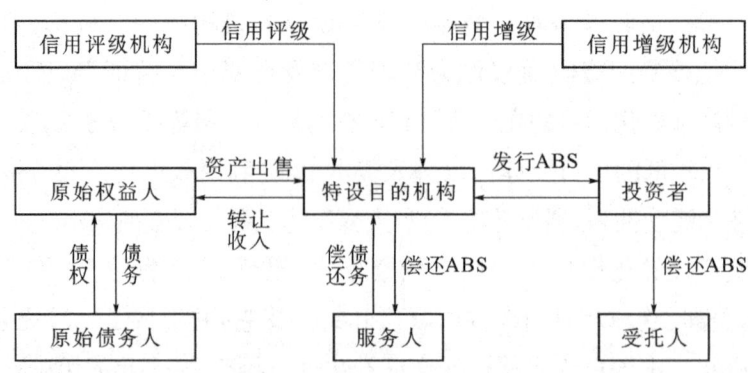

图2-2 资产证券化交易结构

(二)公共设施资产证券化融资需要注意的问题

1. 现金流问题

以资产证券化方式进行融资的一个重要的前提条件就是必须有

可靠的未来现金流。对于公共设施中的收费项目,未来现金流有未来的项目收费作为保障。然而许多公共设施建设项目本身的当前经济效益是很小的,有的甚至无法产生现金流,或至少是在现有的收费制度下不能产生现金流,如城市公共绿地、市内交通、防灾设施等纯公共物品性质的公共设施。这些项目的效益更多地体现在社会效益以及长期对相关产业的贡献,而非项目本身的盈利能力,所以其在资产证券化的融资方式中会受到制约。

2. 风险管理问题

资产证券化方式融资不可避免会面临建造风险、经营风险、货币风险以及政治风险。对于建造风险,SPV可通过合同要求发起人采用超值抵押、开具现金保障账户、直接进行金融担保或开具信用证等方式避免费用超支,或要求承包商对工程质量及完工时间进行必要的担保。对于经营风险,项目主办人可以同项目产品的购买者或设施使用者签订一个最低限度的支付合同。例如,污水处理项目可以同政府签订购买合同,同环卫部门签订污水供给合同,以保障项目的正常运营。对于货币风险,项目主办人可以利用我国外汇储备充足的有利时机,保证资产证券化项目的外汇兑换,增强外商投资我国资产证券化方式产品的信心。对于政治风险,我们则应通过合同的法律严肃性及地方政府官员的法律意识与政绩约束来增强资产证券化运行主体的信心。

3. 资产证券化相关法律问题

从战略角度看,我国引进、发展公共设施资产证券化融资方式十分必要。从中长期来看,我国市场经济的建立,法律制度的完善,将为我国资产证券化提供广阔的发展空间。然而,就现实条件来看,资产证券化方式仍然存在很多制约。例如,我国的商业信用环境尚不理想,而资产证券化的核心就是信用。我国商业信用方面的法律建设相对滞后,在此方面没有明确的法律层面的政策支持,在现有框架下制约着资产证券化大范围、大规模操作的实施。我国境内资金供给总量已经具备一定规模,但其满足资产支持证券的现实需求还需要时间。因此,我国需要尽快加强金融市场建设,深化股权、债权等资本市场建设,积极培养投资基金、养老基金等机构投资者,努力为资产证券化创造良好的法律制度环境。

二、信托方式融资

(一)信托方式融资概况

信托方式融资是指针对某一公共设施建设项目,由相关权益主体以项目未来收益为基础委托信托公司发行信托计划筹集建设资金的融资形式。

公共设施信托通过将社会闲散并期待增值的资金集中起来,委托信托投资公司管理、运作,投资于某个特定的公共设施建设项目,共同分享投资收益。通过公共设施信托,中小资金也能投资一些大型的、低风险的、回报率又高于社会平均利润率的基础设施项目,分享基建领域的项目收益。在此过程中,各参与主体相互协调,设计规范的投资计划、风险控制方案、收益共享方案等,信托公司作为项目的融资中介不仅能以专业、经验和理财技能参与安排投资计划,而且还可以将信托、投资银行、财务顾问等综合金融手段运用于项目投资。

信托产品一般由信托公司根据信托资金运用项目及资金使用人的需求特点,设计合适的交易结构和资金运用方式,拟定信托业务文件,然后向不特定委托人发出设立信托计划的要约,委托人予以承诺,达成信托合同,并交付信托资金,信托生效。上海爱建信托投资有限公司推出的"上海外环隧道集合资金信托计划"是《信托投资公司资金信托管理暂行办法》出台之后的第一个规范的集合资金信托产品,也是信托方式融资应用于公共设施建设领域的典型代表产品。此外,北京国际信托投资有限公司推出的"北京商务中心区土地开发项目资金信托计划",以及天津北方国际信托投资公司推出的"天津滨海新区基础设施建设资金信托计划"等项目,都对当地基础设施建设产生了重要影响。基础设施领域一直是信托投资的主要方向。

(二)公共设施信托方式融资的适用性

从一般意义上说,与债券、股票、基金等金融产品相比较,信托产品具有以下突出特点：①信托产品具有独立性和多元化的特点；②信托产品具有权利重构的制度功能，从而孕育出特殊的经济关系；③信托产品具有特殊的效用提升方式——风险隔离功能。信托产品的上述特点决定了其在基础设施建设以及资本运作等方面的广泛应用。

集合资金信托可以通过集合资金的方式对项目提供股权和债权资金支持。鉴于银行信贷资金不得用于股权融资，而项目贷款一般要求其具有35%的最低自有资本金，而以信托融资的方式进行融资则不受上述条件的限制。集合资金信托广泛应用于基础设施项目发起设立项目公司、对项目公司增资扩股、支持项目公司股权变现等业务领域。而且，股权信托可以采取阶段性持股，约定固定回报降低融资成本，使项目在建设期间或建成后退出。此外，集合资金信托还可以像商业银行一样，通过项目融资贷款的方式对基础设施项目提供支持。

三、租赁方式融资

（一）租赁融资概况

租赁融资是指出租人根据承租人对租赁物的特定要求和对供货人的选择出资，向供货人购买租赁物，并租给承租人使用，承租人则分期向出租人支付租金的融资方式。在租赁期内租赁物的所有权属于出租人所有，承租人拥有租赁物的使用权。租期届满，租金支付完毕并且承租人根据融资租赁合同的规定履行完全部义务后，租赁物所有权即转归承租人所有。融资租赁属于表外融资，不体现在企业财务报表的负债项目中，不影响企业的资信状况。租赁融资的本质是通过融物手段达到融资的效果，基础设施建设工程中的设备可以通过租赁融资的方式来解决，以支付租金的方式用较少的资金取得建设所需的施工机械设备的使用权，而不必由施工企业自行购买。施工企业也就不必在短时间内占用承租人大量资金，并通过边施工、边收益、边还款的方式，最后留购施工机械设备，同时提高了企业资金的利用率和资产的动态管理水平。施工机械设备的出卖人可以在买方市场中提高销率和市场占有率;施工机械设备出租人可以通过收取租金的方法达到盘活资金或资产的目的,并从中获取经济利益。

(二) 租赁融资的主要特征及种类划分

租赁融资的主要特征是由于租赁物的所有权只是出租人为了控制承租人违约的风险而采取的一种形式所有权,在合同结束时最终有可能转移给承租人,因此租赁物的购买由承租人负责,维修保养也由承租人负责,出租人只提供金融服务。租金计算原则是出租人以租赁物的购买价格为基础,按承租人占用出租人资金的时间为计算依据,根据双方商定的利率计算租金。它实际上是依附于传统租赁上的金融交易,是一种特殊的金融工具。

按照租赁融资几种具体的运营方式,可以将其分为以下几种不同的类型。

1. 简单融资租赁

简单融资租赁是指由承租人选择需要购买的租赁物,出租人对租赁项目风险进行评估后,购买并出租租赁物给承租人使用。在整个租赁期间,承租人没有所有权但享有使用权,并负责维修和保养租赁物。出租人对租赁物的好坏不负任何责任,设备折旧在承租人一方。

2. 杠杆融资租赁

杠杆融资租赁的做法与银团贷款类似,是一种专门做大型租赁项目并且有税收好处的融资租赁,其主要由一家租赁公司牵头,为一个超大型的租赁项目融资。其融资程序是:先成立一个脱离租赁公司主体的操作机构——资金管理公司,该公司自行提供项目总金额20%以上的资金,其余部分资金来源则通过吸引银行和社会闲散资金来实现。这种方式以1∶4的高杠杆方式,为租赁项目取得巨额资金,同时全部项目资金可以享受低税的好处。杠杆融资租赁的做法与融资租赁基本相同,只不过其合同的复杂程度因涉及面变广而增大。由于杠杆融资租赁可享受税收好处、操作规范、综合效益好、租金回收安全、费用低,一般用于飞机、轮船、通信设备和大型成套设备的融资租赁。

3. 委托融资租赁

委托融资租赁的第一种方式是拥有资金或设备的人委托非银行金融机构从事融资租赁,第一出租人同时是委托人,第二出租人同时是受托人。出租人接受委托人的资金或租赁标的物,根据委托人的书面委托,向委托人指定的承租人办理融资租赁业务。在租赁期内,租赁标的物的所有权归委托人,出租人只收取手续费,不承担风险。这种委托融资租赁的一大特点就是让没有租赁经营权的企业可以"借权"经营。电子商务租赁即依靠委托租赁作为商务租赁平台。

委托融资租赁的第二种方式是出租人委托承租人或第三人购买租赁物,出租人根据合同支付货款,又称委托购买融资租赁。

4. 项目融资租赁

项目融资租赁是指承租人以项目自身的财产和收益为保证,与出租人签订项目融资租赁合同,出租人对承租人项目以外的财产和收益无追索权,租金的收取也只能以项目所产生的现金流量来确定。出卖人(即租赁物品生产商)通过自己控股的租赁公司采取这种方式推销产品,扩大市场份额。通信设备、大型医疗设备、运输设备甚至高速公路经营权都可以采用这种方法。

租赁融资的其他方式还包括返还式租赁(又称售后租回融资租赁)和融资转租赁(又称转融资租赁)等。

四、产业投资基金

我国于2005年6月颁布的《产业投资基金试点管理办法》,对国内的产业投资基金作出了明确定义:产业投资基金是指一种对未上市企业进行股权投资和提供经营管理服务的利益共享、风险共担的集合投资形式,即通过向多数投资者发行基金份额设立基金公司,由基金公司自任基金管理人或另行委托基金管理人管理基金资产,委托基金托管人托管基金资产,从事创业投资、企业重组投资和基础设施投资等实业投资。从《产业投资基金试点管理办法》中的规定来看,产业投资基金包括创业投资基金、企业重组投资基金和基础设施投资基金三种。

产业投资基金具有以下主要特点:投资对象主要为非上市企业,投资期限通常为3~7年,且投资人积极参与被投资企业的经营管理。投资的目的是基于企业的潜在价值,通过投资推动企业发展,并在合适的时机选择合适的退出方式实现资本增值。

产业投资基金进行投资的主要过程是:①选择拟投资对象;②进行尽职调查;③当目标企业符合投资要求后,进行交易构造;④在对目标企业进行投资后参与企业的管理;⑤在达到预期目的后,选择适当的方式从所投资企业退出,实现资本的增值。其选择的退出方式主要有三种:一是通过所投资企业的上市,将所持股份获利抛出;二是通过其他途径转让所投资企业股权;三是等所投资企业发展壮大后从产业基金手中回购股份。

产业投资基金的特点使之成为适合基础设施融资的工具之一。产业投资基金规模大、投资周期长,如美国的产业投资基金的投资周期一般为10~20年,很符合基础设施融资要求的特点。而且,产业投资基金不以控制股权为目的,较少参与企业管理,从而较好地解决了基础设施敏感的控制权问题。此外,由于产业投资基金是股权融资,没有硬性的利息负担,投资者的回报与项目的盈利程度相关联,因而降低了基础设施的融资成本和融资负担。

第五节 本章小结

一、公共设施的财政性资金融通

财政性资金融通是计划经济时代及改革开放初期公共设施建设资金供给的主要手段,随着中国经济的不断发展,我国财政收入的绝对规模也日益增长,但公共设施建设的需求增速更快,公共设施建设所需资金规模日趋庞大,财政性资金日显不足。财政供给与项目建设所需资金的差额巨大。当然,地方政府通常也会通过土地出让形成收入的一部分,对公共设施建设资金加以补充,但其仍远不能满足需求。

总之,财政性资金用于公共设施建设支出有一个增长机制,但其远不能满足公共设施建设对资金的巨大需求。

二、公共设施的债务性融资

公共设施的债务性融资面临两个方面的约束条件限制:第一,贷款的项目资本金要求;第二,有作为还款来源的稳定的项目现金流要求。

在这两大约束条件下,不同的融资方式面临着各自的局限性。商业银行由于自身经营的特点,其提供的具有长期性质的基础设施贷款会受到一定的制约;政策性银行随着改革进程的不断推进,提供的具有大额低息、长期性特点的政策贷款会越来越受到严格经营条件的约束;国际金融机构和国外政府提供的贷款则面临着本国经济发展的需求与贷款供给机构附加的政策条件的矛盾;企业债券和中期票据等方式,在国家经济管理部门现行法规规定下,受到发行主体存续期、信用评级、资产规模、资本结构、财务状况以及对项目现金流要求等条件的制约,在绝大多数地区无法实施;此外,债务性融资也容易受到宏观调控政策的制约,如果实施从紧的货币政策,收缩银根,则依靠银行中长期贷款支持的基础设施项目的融资将受到重大影响。

三、公共设施的股权融资方式

目前资本市场对公共设施融资条件的要求比较严格,通常要求其必须具有收益的稳定性和较高的回报率,因此该方式只适用于可经营性公共设施。PPP模式的融资项目同样面临这样的问题。公共物品性质的公共设施基本上不具备资本市场融资的资质,而对于社保基金和产业基金的股权融资方式,目前有严格的条件限制,也无法大面积开展。

四、公共设施的其他融资方式

资产证券化作为一种把未来现金流提前使用的金融手段,比较适合投资期限长、占用资金规模大的公共设施领域。然而,政府相关主管部门考虑到资产证券化的风险,并没有出台一套专门针对公共设施资产证券化融资的管理办法,因此,资产证券化的融资方式也不具备大范围推广的条件。

对于信托融资方式,按照现行的管理办法及中国人民银行于2002年颁布的《信托投资公司资金信托管理暂行办法》规定,信托产品有额度的限制,委托人的资金信托合同不得超200份(含200份),每份合同金额不得低于人民币5万元(含5万元),因此融资规模有限,并不适合投资规模较大的公共设施。此外,信托融资的成本较高,远高于银行贷款和发行企业债券,因此,只适用于经营性的、收益比较高的基础设施项目。

总的来说,对于纯公共物品性质和准公共物品性质的公共设施,由于其不具备收费机制或其经营收入不能弥补运营成本,并且没有建立稳定的现金流,因此它们的融资渠道并没有打通。

五、公共设施建设融资模式总体评析

为了满足我国公共设施建设的资金需求,我国地方政府展现了强大的创新精神,尝试并利用了间接融资、直接融资、股权市场、债权市场、货币市场、资本市场等各种创新模式,也尝试和学习了国际上采用的大部分相关融资模式。然而,公共设施建设依赖的主要融资模式如银行信贷、企业债券发行及PPP模式,其最终的资金来源绝大部分仍是国有资金或政府控制的资金资源,这与西方发达国家以市场及私人机构参与为导向的特征相去甚远,离真正市场化的机制也相去甚远。

造成以上我国公共设施建设融资瓶颈问题的根本原因是我国地方政府不合适的融资理念。我国地方政府在进行公共设施建设融资时,不论哪种公共物品属性的公共设施,其都试图向市场、向私人机构转嫁建设支出负担,而很少科学地安排建设资金。此外,对于收益丰厚的项目,即便政府在项目初期将其转让,之后也会利用其他办法将项目强行收回来。

以上理念和做法必然会造成公共设施建设无法调动私人机构参与的积极性,并最终形成了公共设施建设融资只能在国有资源生态圈内部实现的现状。深层次制度因素则是我国政府实际控制着国家绝大部分的经济资源。

要消除我国公共设施建设融资的困境,需要我国地方政府改变现有的公共设施建设融资理念,根据我国国情和市场情况,实事求是地制定符合经济和市场规律的科学融资方案,从提高经济建设效率而不是转嫁支出负担、转移风险的角度发展PPP模式。同时,改变政府控制国家绝大部分经济资源的状况也是有必要的。

第三章 地方公共设施建设融资的国际经验研究

第一节 西方国家公共设施建设融资总体发展脉络梳理

20世纪70年代,随着世界经济的迅速发展,主要发达国家工业化和城市化进程不断加快,公共设施不足的问题日益突出,公共设施供求矛盾成为世界各国面临的普遍问题。20世纪80年代,各国开始加快公共设施供给的探索之路,于是,建立更加科学有效的公共设施建设融资体制与模式以大幅提升公共设施的供给能力成了各国共同思考的问题。回顾国际公共设施建设融资体制改革的历程,大致分为以下几个阶段。

一、国有企业承担公共基础设施供给主责的阶段

在20世纪70年代之前,福利国家思想是西方社会流行的一种政治思想。福利国家思想把国家看作全社会增加福利的工具,要求国家通过立法和财政经济措施,积极增进社会全体成员的福利。1911年英国的国家保险法案和20世纪30年代美国的新政,都是福利国家思想的早期实践。1942年,英国经济学家贝弗里奇向政府提出了《贝弗里奇报告》,首次明确地阐述了福利国家思想。第二次世界大战后,福利国家思想得到广泛传播,成为西方各国的官方理论。1948年,英国工党政府首先宣布建成福利国家,而后法国、联邦德国、荷兰、丹麦、卢森堡、比利时等国相继宣布建成福利国家。美国现代自由主义者也把福

利国家思想作为政治纲领。在福利国家思想的影响下,这些西方国家把公共设施视为具有自然垄断的社会福利性产品,政府就成为这种社会福利的重要提供者。因此,当时大多数的发达国家都侧重对公共设施实行国有化管理,公共设施由政府出资建设和管理。这时的国有企业在国民经济中占据了重要地位。

二、以提高效率为目标的公共设施建设私有化浪潮

20 世纪 70 年代末 80 年代初,发达资本主义国家经济发展和财政收支都出现了一定程度上的困难。与此同时,政府投资建设并运营管理公共设施存在的许多弊端也日益暴露出来,这些问题体现在投资浪费、效率低下、服务质量不尽如人意等。为了解决这些问题并缓解财政困难状况,许多国家开始着手对公共设施的国有建设运营模式进行改革。其中一项重要的改革措施就是推行私有化,让私人机构和私人企业购买部分公营事业,或把原先政府管理的公营事业项目转包给私人机构或企业。

英国是最早开始实行私有化的资本主义国家。1979 年,以撒切尔夫人为首的英国保守党开始了一系列改革,此次改革主要以推进私有化为内容。在这次所谓的私有化浪潮中,英国的公共设施建设融资体制发生了巨大的变革,理论界一般将这一进程分为三个发展阶段:第一阶段(1979—1983 年)是试验和起步阶段,出售的企业特征为规模相对较小并在竞争性的市场上运作的公共部门,包括石油、航天、有线与无线电公司等。第二阶段(1984—1987 年)是深化阶段,这一阶段的私有化已经开始扩大到公共事业部门,从 1984 年出售英国电信公司开始,并伴随着其他公共事业公司的出售。进入 20 世纪 90 年代,私有化涉及的部门更多,甚至包括了很多位居垄断地位的重要基础设施部门,如港务局、天然气公司、机场管理局等。第三阶段(1988 年后)是普遍扩展阶段,出售的企业推向自然垄断部门,包括所有的供水公司、污水处理厂、电力公司等。英国公共设施建设私有化的主要方式有以下 8 种:①整体出售的资产;②出售盈利资产;③将资产有偿或无偿转让

给本企业的职工;④以 BOT 方式投资建设公共设施;⑤政府出资,私人承包;⑥特许经营;⑦引入竞争机制;⑧民间团体代替政府机构。

美国的私有化始于 1981 年,先是提出拍卖联邦政府的联合铁路货运公司。1982 年,又提出拍卖部分国有土地。1986 年,提出了出售包括海军石油储备区、全国铁路客运系统、电力销售机构等在内的 12 项民营计划。1988—1992 年,美国政府出售联邦资产及减少补助金额共达 24 亿美元。这样不仅大幅减少了政府工作人员的数量及财政预算,而且每年可增加 50 亿美元的财政收入。

法国政府也进行了大规模的私有化。1986 年 3 月,希拉克政府时期制定了有关国有企业私有化的法规,并按照法律规定将 65 家企业和银行及 1 家电视台私有化,总资产高达 2 750 亿法郎。

三、以公私合作为特征的基础设施市场化运作

城市基础设施融资市场化,概括地讲就是要打破垄断、引进竞争,通过培育市场经营主体,将原来依靠行政方式组织建设和经营的城市基础设施项目,交由市场主体按市场化方式组织。在融资、建设、运营各个环节中引入竞争机制,通过创新机制和加快政府职能转变,实现投资运营主体多元化,达到减少财政负担、借助社会力量、发展城市基础设施的目的。这种以市场为基础的城市基础设施改革趋势始于 20 世纪 80 年代中后期,由于财政资金的有限及国有企业在提供公共物品和服务方面的低效,越来越多的政府开始转向私营企业寻找新的资金支持,并依靠私营企业提供公共物品。20 世纪 90 年代,大部分国家开始吸引私人投资和依靠私营企业提供公共物品,并减少对这些行业的政府管制。西方国家在城市基础设施市场化改革的具体实践中,采取了一系列的新举措,如合同出租、公私合作、用者付费制等。

1. 合同出租

合同出租是指政府在不扩大规模、不增加公共财政支出的情况下,通过合同的形式,在公共领域引入市场机制,通过投标者的竞争和履约行为,将原先政府垄断的公共产品的生产提供权转让给私营企

业、非营利组织等机构,使得这些组织和机构必须在合同规定的框架内行使权利和履行义务的一种形式。这种方式主要是为了通过市场机制的作用,打破公共服务中的垄断状况,改善公共服务的质量和效率,增强政府能力。合同出租在英、美等国公共服务中相当普遍。20世纪70年代末,英国保守党执政以来,基层政府开始小规模展开合同出租。1980年,英国保守党政府通过的《地方政府计划和土地法案》要求地方政府和社会组织以竞争的方式获得房屋和道路修建的权利。20世纪90年代初,英国地方政府已经将相当部分的修建工作转移给私营部门。医疗保险、公共交通、通信服务等领域也进行了类似的改革。1988年,《地方政府计划和土地法案》又扩大了合同和服务竞争的程序,规定地方政府如在与私人竞争中赢得了对公共服务的提供权,则必须进行内部预算,达到中央政府设置的公共服务的标准和目标。目前,英国的公共服务行业,如环境、医疗、社会保障等领域,被认为是建立在合同基础上的,甚至在监狱管理等传统的国家基本职能领域中,合同也占有一定的份额。美国各级政府也大力推行公共服务的合同出租。1882年,美国联邦政府花费了2 200亿美元购买承包商的合同服务,占财政支出的16%。据1996年的资料,美国地方政府特别是市政府把能够承包出去的多种公共服务全部进行合同出租,可见其推行合同出租的力度。目前,能源生产、环境保护、工作培训、救援服务、消防、运输服务、公共工程、医疗保健等公共事业领域都广泛使用合同出租。

2. 公私合作

公私合作是指政府以特许或其他的方式吸引中标的私营部门直接参与基础建设或提供某项服务的形式。在政府的规制下,私营部门通过面向消费者的价格机制来实现投资回报。公私合作既借社会资源提高公共服务生产能力,又借价格机制显示真实需求,从而达到一箭双雕的目的。此外,建立政府与私营企业的伙伴关系,还可以发挥公私两种部门在管理、技术、资金等方面的优势,在各自目标中寻找共识并彼此合作,从而更好地满足社会对公共物品及服务的要求。以美国为例,自 1992 年以后,各州加速公路民营化进程,政府吸引私营部门参与公路基础设施建设的案例增多。

3. 用者付费制

用者付费制的含义是家庭、企业和其他私营部门在实际消费政府提供的服务和设施时,向政府部门交纳费用,付费取决于实际消费的服务量,不消费不付费,多消费多付费。此外,还可以最大限度地动员和组织社区的家庭和自愿者组织,让他们在政府的计划、指导和监督下,自己服务自己,同时政府机构给予相应的支持、培训和各种资源。目前,大部分西方国家的公共事业中存在着用者付费制。用者付费制运用的范围是垃圾收集、废水和污水处理、娱乐设施、公园等公共设施。

第二节 英国公共设施建设融资的实践与启示

一、英国公共设施建设融资的经验

第二次世界大战以后,尤其是 20 世纪 70 年代,英国经济急剧衰退,政府经济管理乏力,国家财政日趋枯竭。为了维持繁荣、推动经济发展、提高管理效率和减轻财政负担,政府创造了种种优惠条件,在公共设施建设领域开始引入私人资本,鼓励民间投资,推行公共设施建设融资体制改革,公共设施建设模式由传统模式向现行模式过渡。

纵观英国的公共设施融资体制改革,大致可以分为三个阶段:

第一阶段(1979—1983 年)为试验和起步时期,该阶段主要是出售国有公共设施公司的股票,包括英国联合港口公司、国际航空无线电公司、英国宇航公司等。基本来说,这些公司的垄断性相对不强。

第二阶段(1984—1987 年)为深化推行时期,私有化涉及的部门越来越多,包括很多居于垄断地位的重要公共设施部门,如英国电信公司、英国联合港口公司、英国宇航公司、英国电讯公司、国家公路货运公司、英国天然气公司、英国机场管理局、英国航空公司、国家公共汽车公司等。1988年6月,国有经济部门转移到私营经济部门的总人数达60万,国有企业占国内生产总值的比重由1979年的10.5%下降到6.5%。

第三阶段(1988年后)为普遍扩展阶段,这个阶段撒切尔政府第一次向公众明确表示"私有化无禁区",并决心将私有化推向许多自然垄断部门,包括所有的供水公司、污水公司、电力公司等,这把私有化运动推向了高潮。而由撒切尔首相提出的国营企业民营化、民间资本参与公共建设等措施开始成为世界性的公共政策潮流。这些政策将以往政府扮演的管理者角色调整为提供公共服务的角色,改变了政府的工作方法与观念,使政府在日渐稀少的经费和人力下,创造了更佳的公共服务质量。1992年,英国政府开始大力推动私人主动融资(private finance initiative, PFI)制度;1997年工党执政以后,又纳入了一个新的概念,即公私合作模式。英国政府通过推行PFI/PPP模式,引导私营部门参与投资各项公共设施,并通过政策规定在采购公共建设项目前应优先考虑以公私合作方式进行,以解决政府面临的财政困难。

按照英国的经验,适于PPP模式的项目包括交通(公路、铁路、机场、港口)、卫生(医院)、公共安全(监狱)、国防、教育(学校)、环保、社会福利、公共不动产管理等各个领域,这对英国政治、经济及社会的发展产生了深远的影响。并且,英国政府在促进PPP项目实施方面已经建立起了较为完整的推动体制。

二、英国公共设施建设融资经验的启示

英国政府制定一系列政策法规,利用私人资本融资,建立了政府监督管理下私人资本对公共设施建设的"融资—设计—建设—经营—移交"一体化的管理模式。具体来看,主要有三种运营方式供我们参考。

(一)自由竞争方式

自由竞争方式是指一般具有足够收益的公共设施项目,经过政府

招投标签约后,由私人公司出资建设和运营管理,建成后向社会收取服务费回收投资,政府不参与投资和管理。

(二) 补贴方式

补贴方式的投资主要通过服务性收费回收,政府适当给予财政补贴。政府在项目建设和运营管理的不同时期实施补贴,其形式不一,可提高建设和服务质量。例如,隧道建设项目,政府在建设前期提供部分资金支持项目启动,投资回收则完全由私人公司负责;又如,伦敦广场地铁延伸线项目和伦敦到英国南部海边的铁道项目,完全由私人公司举债建设,建成后政府适当出资帮助还本付息。

(三) 政府采购方式

纯公共物品性质的公共设施建设项目,不宜通过收费回收投资的项目,如公路建设等,虽然由私人公司投资建设和运营管理,但政府需要出钱向投资者购买服务。政府根据购买服务的数量和质量进行区别付费,如按年流量对高速公路付费。建设项目在政府签订购买服务合同时即明确服务期限和付费标准,以保证私人公司的投资回收。据有关资料显示,目前英国政府每年预算列支 5 亿英镑用于公路建设的补贴和购买服务。

第三节 美国公共设施建设融资的实践与启示

由于经济迅速发展,美国对公共设施的需求日益旺盛,且其公共设施的建设水平相对较高。在公共设施建设方面,美国各级政府在事权和投资审批权限上具有明确的划分。联邦政府主要负责国家和州际公路、国防以及航空航天重大高科技项目等涉及国家全局或投资庞大的公共设施项目;州政府则负责城市交通、供水等具有显著区域性的市政公用事业项目。从美国公共设施建设总体来讲,地方政府起主导作用。1984 年到 1994 年,美国地方政府对各类公共设施的投资占整个资本支出的 59%。而据 1996 年的统计数据,88% 的公共设施由地方政府拥有,联邦政府所占比例仅为 12%。

一、美国公共设施建设融资的特点

(一) 政府投资占主导地位

政府投资在纯公共物品性质的公共设施领域占主导地位,并采用政府采购的方式提高公共资金使用效益。

美国的政府采购在其公共设施的建设和维护体系中发挥了重要作用,在美国的联邦采购法规体系中,《公共工程法案》作为针对性的具体实施法规,为政府采购在公共设施领域提供了明确的指引规则。

(二) 发行市政债券

美国具有发达的市政债券[①]市场,其广泛地为医疗卫生、高等教育、交通(高速公路、捷运系统、收费公路、港口和机场)和公用事业(供水、污水处理、电力和天然气)等具有较好收益的一般支出或特定项目发行市政债券,并由依法成立的代理机构、委员会或授权机构发行。对于一些收益不足以偿还债务的建设项目,如会展中心和路灯系统,地方政府通过特定的销售税、燃料税或将二者结合起来偿债。美国市政债券经历了 100 多年的发展,成了美国证券市场最主要的组成部分之一。为加强市政债券的风险管理,美国实施了一系列信用评级、信用升级和市政债券保险等措施。为促进市政债券市场的发展,美国联邦政府甚至地方政府对购买市政债券的利息收入免征所得税。据统计,地方政府对公共设施投资的 30% 以上源于发行公共设施债券融资。

(三) 鼓励私营部门投资

美国在公共设施建设中广泛引入私营部门,在可以由市场提供服务的场所都尽可能由市场来提供,特别是在政府不再提供经营性的公共服务,而把这些公用事业交给私营部门之后。实践证明,由私营部门提供此类公共服务的效率远远高于政府直接经营。美国公共事业管理专家萨瓦斯对公共服务行业进行了研究,研究结果表明,公共部门提供的服务成本费用,平均比承包商通过竞争提供服务的承包费用

[①] 美国的市政债券是指州和地方政府及其授权机构发行的有价证券。

(含管理合同执行的费用)要高出35%~95%,其原因在于公共部门提供的服务处于垄断地位,缺乏竞争。

美国铁路系统是19世纪民间资本利用欧洲资本市场建立起来的,其他能源、交通运输、电信等也都由民间资本经营,甚至许多学校、医院也是私立的或私人捐赠的。近些年,一些原来完全由政府投资的公共设施项目也开始鼓励私营部门参与投资。政府为了鼓励私人企业投资,提供了一些优惠的条件,如免交财产税、有权购置港口附近的土地、可以租赁使用港口、可以出售利率低的债券等。

(四)积极利用资产证券化等方式融资

美国积极利用资产证券化进行公共设施融资,这与其具有成熟的金融市场密不可分。在某些公共设施行业,如电力和能源,建造资金成本大,回收期限长,但又具有较为稳定的现金流入,与金融市场需要稳定性和安全性的资金属性相契合。因此,在美国发达的金融市场和金融创新体制的推动下,资产证券化被广泛应用于这部分领域。此外,美国的公共设施建设融资注重发挥各类基金的作用,有效地将储蓄转化为投资,使资金的供给和需求尽量达到平衡。

二、美国公共设施建设融资经验的启示

(一)建立发达的金融市场

美国公共设施多元化融资体制的形成建立在现代银行业和金融市场都较为发达的基础之上。一方面,银行通过市场运作的方式将闲置货币资本集中起来,满足各类投资者对资本的不同需求;另一方面,银行通过发展证券投资业务帮助政府和企业在资本市场上融资。其中包括在证券市场上买卖政府债券、公司债券等。此外,金融创新工具也层出不穷,为融资者提供了多种融资渠道。如果没有发达的金融市场基础,许多融资手段都难以实现。

(二)形成多元化的投融资主体

在公共设施建设中,决不能只有政府这一个主体,多元化的主体有助于提高公共设施建设的效率和质量。在美国的公共设施建设领

域,多元化的投融资主体表现十分突出,占社会总投资的份额较大。在我国经济快速发展时期,需要大幅度增加公共设施的供给总量,以解除公共设施对经济发展的瓶颈制约,因此需要开放公共设施领域的投资市场,放宽市场准入条件,借助社会力量,扩大融资渠道,利用金融和其他政策工具,开拓融资新方式。同时,要尊重市场,承认民间投资主体和商业性金融活动对建立高效的公共设施投融资体系发挥的补充作用。

(三) 政府发挥积极作用

虽然美国的市场经济和竞争意识非常发达,但政府仍然在公共设施建设融资领域发挥着积极的作用,在竞争较为充分的可经营性领域,可采取多种方式引导民间资本进入;而在纯公共物品性质的公共设施建设领域,政府依靠财政性手段进行融资,采取发行市政债券、政府采购等方式发挥主导作用,弥补市场缺位造成的供求失衡,维护公共设施的正常运转,很好地将政府角色融入以市场为导向的投融资体系中。

第四节 法国公共设施建设融资的实践与启示

一、法国公共设施建设融资的经验

第二次世界大战结束后,法国开始了大规模经济重建的进程,经济重建刺激公共设施的大规模重建与新建,于是公共设施建设融资问题也就如影随形。在法国经济重建及其后的经济发展过程中,法国的公共设施建设融资模式经历了不断发展变化的过程,然而政府在公共设施建设中发挥重要作用的特征始终如一。

法国政府首先面临的是城市道路等公共交通的建设以及住宅建设,因此,法国政府采取了一系列措施,如设立国家城市发展基金、设立公共工程机构和经济混合体公司等,集中国家财力和物力,引导城市重建的投资方向,加快城市基础建设和住宅建设。在公共设施管理方面,地方政府委托国有公司或私人公司承担一些公共服务工程,如垃圾收集、道路保养、市内交通、供水和排水设施的建设和管理。经过10年的时间,法国基本上完成了第二次世界大战后城市的重建工作,公共设施建设进入了一个新的发展阶段。

1955年,法国政府制订了地区总发展计划,协调各部门的建设开发和私人投资。在这一阶段,公共设施建设投资结构发生了显著变化,政府投资比例逐年下降,私人投资越来越重要。政府投资的比例由1950年的50%下降到1956年的27%。在随后的工业化建设时期,法国制订了公共设施建设总体规划、公共设施现代化计划、地区发展计划和公共设施网络计划。于是,法国公共设施建设进入了有计划的发展新时期。

1967年,法国政府制定的《地产法》规定了征收城市公共设施地方税,为公共设施建设提供资金支持。20世纪70年代中期,法国由于经济危机的影响,结束了大型的城市开发建设,转向注重城市管理与城市发展之间协调可持续发展以及城市生活环境的改善,而不再对城市进行大规模的新建和扩建。在城市规划关于"发展中等城市"的政策指导下,法国优先支持80个中等城市发展道路等公共服务设施项目的建设。同时,为了综合协调老城区的建设,1977年法国设立了"城市规划基金",专门用于老城区的改造,以此推进城市公共设施的开发建设。

1982年,法国政府实施《中央权力下放法》,探索出了一套新的中央与地方政府的管理方法和合作关系,改变了中央政府"什么都管"的状况。该法律调动了大区、省和地方政府的积极性,使其在城市规划与建设中有较大的自主权。在此基础上,1993年法国颁布了《城市合同法》,该法以合同的形式,明确了国家与地方之间的各项权利义务关系。1994年,法国中央政府与各地方政府签订了214项合同,从财力上对地方建设给予支持。

二、法国公共设施建设融资实践特征与启示

(一) 政府主体地位的体现

法国将公共设施按照经营性和非经营性进行划分,非经营性的或社会效益大的公共设施建设项目,如城市道路、地铁等,由政府财政预算安排投入,不足部分由政府向金融机构借款解决;经营性的可收费的项目,如供水、供气、污水处理、垃圾处理等,政府则鼓励企业通过市场融资,并视情况由政府提供政策性扶持,如提供一定比例的注册资本金。在公共设施建设的事权划分上,各级政府在项目投资中有明确的责任与分工。

一些具有重大影响的建设项目主要由中央政府投资。在城市一般性的公共设施项目中,中央政府投资占有很大比重,各级地方政府和企业也要承担相应的投资责任。中央政府的拨款往往是地方政府进行公共设施建设的重要资金来源。1982年以来,法国中央政府与2个大区制定了《城市基础设施和公共交通服务项目五年计划》,通过协议方式拨款给这些地区以推进城市公共设施和公共服务项目的建设。

总而言之,通过法国公共设施建设融资实践,我们可以发现法国政府始终在公共设施建设投融资中扮演着举足轻重的角色。

(二) 超前规划

法国在公共设施建设方面的另一个鲜明特征是重视对项目建设的前期规划。法国的公共设施建设具有非常显著的超前性和规划性,这得益于法国政府对项目建设前期规划的高度重视,并形成了完善的法律体系和分级决策体系。法国的国土规划和城市规划部门在城市公共设施建设中发挥了重要的指导作用,国土规划和城市规划要求从城市空间的发展到城市土地的开发都要考虑城市环境的建设和城市生活质量的保障;同时,要求城市中每一个建设项目都要有预先的计划,每一块国土都要制定住房、交通、自然、城市环境等方面的发展目标。对于城市公共设施建设,政府都要作出长期规划,规划期可达几年。具体项目一般由行业协会提出,由政府(及议会)审批作出决策。

大型城市公共设施建设项目要经市民民意测验和讨论(包括涉及法规、项目建设内容、建设规模、建设期限、资金来源等)。无论国营还是私营的水厂、管网建设,都必须服从城市规划,有计划、有步骤地进行建设。政府在审批过程中,要通过非常细致、严格的核算,确定项目的规模和投资,同时确定项目总投资额中各级政府投资中的比例。项目一旦批准,则建设时间、工期、投资不得改变。由于前期准备充分,一般都能够保证建设项目按计划实施,如期投入使用。

(三) 政府掌握特许经营权的授予权

法国在公共设施建设方面积累了比较先进的经验。其中之一是特许经营制度的广泛应用。早在17世纪,法国人就成功地利用委托经营,借助私人企业的资本建造军舰和港口等基础设施,用以补充国家财政的不足,迅速地发展海军;在18世纪,法国通过类似的委托经营方式修建了运河和桥梁、铁路、供水、照明、交通等城市公用设施;20世纪80年代以来,法国更是将这种做法形成了一种模式和理论,并广泛地应用于高速公路、供电、通信、有线电视、城市供暖、垃圾处理、污水处理、停车场等设施的建设和经营,甚至包括监狱的建设和经营。这种特许经营模式主要应用在具有自然垄断的行业,如自来水供应、燃气供应、污水处理等,在政府决定建设某一项目后,通过该行业若干企业之间的公平竞争,政府选择一家优势企业,特许其进行该项目的经营。政府与企业通过签订协议保证政府所提出目标的实现。

在选择承接特许经营权的企业时,法国政府采取了不同的管理模式。对地铁等非经营性企业,坚持"谁定价,谁补贴"的原则,政府严格进行成本核算,严格界定补贴范围和补贴数额。对于污水处理、垃圾处理等通过收费补偿投资的企业,其投资补偿与收费挂钩,并由政府直接掌握,其生产运营则引入私人企业经营,政府提供一定数额的运营费,私人企业承担政府明确的任务,并通过自己的努力获取合法利润。供水、供气、供电等经营性企业应按照商业化原则进行经营,一部分行业的企业要与私人投资企业进行竞争。

(四) 采取多种方式筹集建设资金

对于经营性公共设施项目,法国广泛采取银行贷款、项目融资、BOT等国际通行方式筹集资金。此外,法国还采取租赁方式建设公共设施项目,如拟建一个垃圾处理厂,政府与私营租赁公司签订协议,政府授予租赁公司特许经营权,租赁公司负责项目投资、建设和运营。在项目运营期间内(一般为20年),政府每年支付租金,租赁公司则拥有企业财产所有权和经营权。目前,法国公共设施建设的资金来源主要包括地方税收、经营开发与分摊税、城市规划税和开发税、国家拨款、银行贷款、企业投资、私人机构投资、发行长期债券、保险公司及老年保险等基金投资。

(五)以成本为基础制定价格

在价格政策上,对于供水、供电、供气等经营性的行业,法国政府将其销售价格基本定位在保本微利的水平上;对于非经营性的行业,政府也努力使价格与成本靠近。同时,为保护环境、节约资源,法国政府对水资源、污水处理、垃圾处理等实行高额收费政策,法国政府还收取了高额水资源费(联邦政府收取)和污水处理费(地方政府收取)。为取得最大的社会效益,法国政府对公共交通实行低票价政策。对公交、地铁等行业,政府在核算成本的基础上,重点考虑减少市区交通流量,从实现最大社会效益的角度出发,制定较低的价格。

第五节 日本公共设施建设融资的实践与启示

一、日本公共设施建设融资的经验

20世纪50年代初到60年代中期,日本政府动员国内外的资金和技术,对以电力、交通运输为代表的公共设施进行了长达8~15年的集中投资,为20世纪60年代及以后的经济高速增长打下了坚实的基础。日本政府1960年制定的《国民收入倍增计划》将公路、沿海港口、铁路等公共设施列为"瓶颈",予以重点投资,以缓解公共设施与国民经济增长之间的矛盾。与1956年相比,1964年日本包括公路、港口、铁路在内的公共设施投资占GDP的比重增加了3.5倍。

具体来看,日本政府为保障公共设施的持续投入,采取了以下措施。

(一)成立开发银行

1951年,日本政府成立"开发银行",取代在此之前的"复兴金融金库",向国内以电力、海运、煤炭和钢铁为代表的公共设施部门提供长期低息贷款。在1951—1955年提供的2 533亿日元贷款中,电力工业所占比重接近50%、海运行业占比25%、煤炭行业占比6%左右。政策性金融不仅促进了公共设施部门的高速增长,还对民间资本产生了极大的诱导效应。大量民间金融机构开始向政策性银行投资的部门提供贷款,有效地保障了大规模公共设施建设对资本的需求。

(二) 实施租税特别措施

日本政府在20世纪50年代初实施租税特别措施,多次降低法人税。到20世纪50年代中期,各种租税特别措施已达50多种,涉及石油、煤炭等行业。矿业、电力等公共设施在20世纪50年代和20世纪60年代的实际税率远低于1952年确定的42%的名义税率。20世纪60年代末,法人税率才开始回升,到20世纪70年代中期仍只有40%,比同期英国、联邦德国、法国和美国的法人税率低10%左右。低税率加速了公共设施企业的资本积累,提高了这些企业的融资能力。租税特别措施对公共设施融资促进作用比较明显的措施有:对当时政府重点投资的公共设施实行加速折旧,重要设施进口免交关税,对出口收入实行特别扣除,对企业用利润设置的种种设备金实行免税,部分重要原材料生产企业免交企业所得税等。

(三) 发行长期金融债券

日本储蓄资源相当丰富,第二次世界大战后,日本资本市场不发达,迫切需要进行将储蓄转化为投资的金融创新。于是,日本长期信用银行依法向商业银行发行长期金融债券,由商业银行用吸收的居民储蓄认购。当商业银行需要资金时,可以将长期金融债券转让出去,也可将长期金融债券向日本银行抵押申请贷款,从而开创了居民储蓄用于公共设施建设的转化渠道。

(四) 直接投资引导

日本政府主要用两种方式引导民间资本流向:一种是"筑巢引凤式"。例如,在进行鹿岛工业区的开发建设时,日本中央政府和地方政府直接投资4 000亿日元,以此引导私人企业投资1.5万亿日元。另一种是"联合投资模式",即将民间资本和私营部门引入政府的投资项目。例如,关西机场就是由中央政府、地方公共团体和民营企业共同投资建设的。

二、日本公共设施建设融资实践启示

(一) 将公共设施建设融资置于优先地位

在经济起飞时,政府有两种方式促进经济发展:一种方式是政府主要投资于产业链前端的基础部门,使产业链下游的企业获取方便和廉价的动力、运输、通信等,从而取得外部经济效益。这样可以刺激其他社会资本投资于产业链下游的部门,促进经济增长。另一种方式是政府在此期间主要投资于产业链下游的产业,使基础产业和公共设施出现短缺,下游企业的生产成本上升,迫使资本投向基础产业和公共设施。

由于基础产业和公共设施投资周期长,经济欠发达国家的市场发育不完善,市场信号传导存在较多障碍,较低的经济发展水平和产业结构就决定了经济起飞前后下游产业的发展与基础产业和公共设施发展水平的关联度相对较高,加之这一时期这些国家的共同特征是基础产业欠发达和公共设施的严重短缺,采取第二种方式促进经济增长的效果并不是很好。所以,政府部门应该采取第一种方式,在经济高速增长前和经济高速增长初期,对公共设施进行集中投资。日本政府正是采取了这种方式,使交通运输、通信、能源等公共设施在经济高速增长前和经济高速增长初期超前发展,为以后国民经济腾飞打下了坚实的基础。在经济进入高速增长期后,日本政府逐步将资金更多地投入主导产业,促进产业结构的高度化和整体经济水平的快速提高。

(二) 政府组织公共设施建设投融资活动

日本公共设施特别是重大公共设施项目主要是由政府组织投资或财政直接投资,或由政府成立专门金融机构组织公共设施建设投融资活动。此外,政府还为公共设施建设融资提供财政和政策性金融担保。为了降低资本进入公共设施建设领域的风险,日本政府向为公共设施建设融资的部门提供财政和政策性金融担保。例如，20世纪80年代，日本政府为长期信用银行对风险企业的贷款曾提供过80%的金融担保；电力部门在进入民间金融市场的过程中，日本政府也为其发行债券和获取贷款提供过政策性金融担保。

第六节 本章小结

总体来说，国外发达国家的公共设施融资模式多种多样，但对于纯公共物品性质的公共设施建设，一般采用政府采购、发行政府债券等方式，最终安排财政资金进行支出或偿还，由政府自行解决；对于准公共物品性质的公共设施建设则主要通过提供项目补偿、财政补贴、税收、融资担保等各种优惠措施吸引私人资本进行建设，而私人资本的资金筹措方式既包括银行贷款、融资租赁等间接融资方式，也包括企业债券发行、基金设立等直接融资方式。然而，无论通过发行政府债券等的政府融资，还是吸引私人资本承建公共设施项目，几乎都是利用资本市场进行融资。

在公共设施项目建设管理方面，为了更好地利用私人资本，提高建设效率，节减建设成本，各国政府还通过政府采购、特许经营、BT、BOT、PPP等模式广泛吸引私人企业承建公共设施。即便是完全由政府出资的纯公共物品性质的公共设施项目融资，也要先借助于私人机构从资本市场融通资金，然后再由政府以财政资金的形式予以偿还。

在公共设施建设过程中，政府从不缺席。政府或其授权的机构除根据合作合同严格履行政府监管职责，以保证公共设施建设质量符合规定标准以及其运营符合合同规定的公共目标外，政府还总是发挥自己的优势从各个方面对合作建设机构予以支持，从不抱着转嫁负担、甩包袱的心理，用心对待合作。

第四章 地方公共设施建设融资模式创新研究

第一节 地方公共设施建设融资思想重建

通过第二章地方公共设施建设融资状况研究及第三章地方公共设施建设融资的国际经验研究分析,我们可以知道,在公共设施建设融资方面,中外解决渠道的主要落脚点都在资本市场,然而它们最终的落实效果却大相径庭。西方发达国家利用资本市场,较好地实现了有效利用私人资本进行公共设施建设的目的,有效推进了公共设施建设,地方政府债务风险无从谈起;然而在中国,尽管政府为筹措公共设施项目建设资金大力进军资本市场,但最终除了极少部分公共设施建设公司实现了在资本市场上市,从而真正实现了向资本市场、向私人资本融资的目的,其他绝大部分股权融资、债权融资或其他形式的资本市场融资最终还是由国有企业接盘,并以各种变种的形式形成地方政府隐性债务,离真正的市场化融资相去甚远,究其原因就是我国地方政府存在不合适的公共设施建设融资思想。我国地方政府在进行公共设施建设融资时,不管何种公共物品属性的公共设施,都试图尽可能向资本市场、向私人机构筹集资金,从而达到转移风险、转嫁建设支出负担的目的,而很少根据公共设施的公共物品属性科学合理地安排建设资金结构。并且,政府不想让私人机构参与拥有丰厚收益的项目,这实际上是一种不合时宜的公共设施融资思想。政府抱着这种思想去推进公共设施建设融资工作,相当于是以"私"为壑,必然遭受私人机构的唾弃,因为私人机构是市场理性人。

要解决我国公共设施建设融资的瓶颈问题,先要改变地方政府改变错误的以"私"为壑的公共设施建设融资思想,要求地方政府根据我国国情和市场实际情况,实事求是地制定符合经济和市场规律的科学融资方案。具体分析如下。

一、去除政府转嫁支出负担、转嫁债务风险的思想

作为承担地方公共设施建设的地方政府,不能一味地想着通过私人资本转嫁公共设施建设的费用支出以及债务负担和债务风险。属于纯公共物品性质的公共设施的最终建设费用支出必须由地方政府承担;对于准公共物品性质但其未来运营收益不足以覆盖建设成本的公共设施,政府应该予以各种形式的资助,直至其覆盖建设成本,并使私人企业获取社会资本平均收益。

中央政府应去除这种思想,在制定公共设施建设的相关政策时要以效率、质量为出发点,而不以转嫁地方政府的负担至私人资本为出发点。公共设施建设中属于公共物品性质的,应该由政府财政支出的,政府必须承担。

为更好地履行政府提供公共物品性质的公共设施的职能,中央政府应实施大力削减政府行政成本的政策。根据北京理工大学胡星斗教授及清华大学陈剑教授的研究数据,中国行政开支占财政收入的一半以上,远超全球政府行政开支的平均值;国家行政学院杜刚建教授则指出"中国是全世界行政成本最高的国家"。

二、构建公私合作机制,借助私人机构融通资金,提升效率

从第二章的内容我们可以看到,在公共设施建设方面,我国地方政府从2015年开始一直在努力构建公私合作机制,但是其效果并不明显,原因笔者在前文已经做过说明,即地方政府在做此类推进时,总是企图把其收益少甚至没有收益的公共设施项目交由私人资本来承担,从而减轻或者解除自己的支出负担。实际上,地方政府应该最终负担

起纯公共物品性质的公共设施支出,而且对于准公共物品性质的公共设施,政府也应该尽可能以各种适合的形式进行支持和资助,而不是只想摆脱建设负担。

然而,反观西方发达国家,它们构建公私合作机制时都不带任何转嫁负担、转移责任的想法,它们发展公私合作机制的目的是希望利用私人企业运营高效率的特点来提升公共设施建设经营效率,从而节减建设成本,提高建设效率。根据公共设施公共物品的性质,该由政府承担的支出,政府最终一定会动用其财政资源予以承担,即便建设资金在建立公私合作机制前期已由私人企业通过市场化手段进行垫资,政府最终也将通过发行市政债券、政府购买等手段予以返还。所以在西方发达国家中,公私合作模式的相关操作成功且顺利。

由此可见,未来我国政府部门构建公共设施建设的公私合作机制时,也应该摒弃转嫁负担和责任的心理,回到公私合作的正确动机轨道上来,利用私人企业的高效率运作及经营管理优势。而应该由政府承担或支持、资助的部分,政府一定要履行相关职责。除此之外,政府应该严格履行公共设施建设的监管职责。

第二节 地方公共设施建设融资利用资本市场的战略重构

所谓地方公共设施建设融资利用资本市场的战略重构,指的就是彻底改变过去把负担和风险转嫁到资本市场上,让资本市场的投资者接盘政府供给公共设施的责任和风险。使投资者树立借助资本市场缓解自己短期大规模筹措建设资金的困难,并借助资本市场提升公共设施建设效率,同时为资本市场的投资者提供更加丰富多样的投资产品的正确思想。

一、地方公共设施建设实施资本市场战略重构的必要性分析

通过前文分析,我们知道我国地方政府为筹集公共设施建设资金,使用了以下渠道:①财政渠道及商业银行贷款、政策银行贷款、国际银团贷款、政府贷款等长期信贷市场渠道;②债券市场、股票市场等传统证券市场渠道;③保险、信托、融资租赁、资产证券化、产业基金等新型融资渠道;④西方发达国家通行的公私合作模式。

由体制性问题造成的支出结构传统,使得财政税收收入很少投入到公共设施的建设中,用于公共设施建设的财政资金相对于其需求来说极其有限,因此绝大部分资金需求的筹措都转向供给长期资金的资本市场。然而,国内信贷资金来源的短期性特点与公共设施建设融资的长期性特征不一致,所以其对公共设施长期建设资金的发放隐藏着难以预测的巨大风险。也正因为这个原因,2012年,中央政府在风险问题变得比较突出后,开始对公共设施的信贷融资进行了空前严厉的控制,而公共设施建设资金只能转向保险、信托、融资租赁、资产证券化、产业基金等新型融资渠道,进而形成"影子银行",而后又随着中央政府对"影子银行"风险的警觉和防控启动转向PPP模式。无论是信贷融资、"影子银行"融资还是PPP模式,都由于中国的经济体制特征及私人资本对公共设施回报与政府信誉的警觉,最终资金的承担者还是国有金融机构及其他国有企业,并继续导致了地方政府隐性债务风险的累积。公共设施建设融资原有的资本市场战略已经走到了山穷水尽的地步,对其进行战略重构势在必行。

二、地方公共设施建设有效实施资本市场战略的可行性分析

笔者认为,研究地方公共设施建设有效实施资本市场战略的可行性问题,最主要的是要研究资本市场是否真的能为公共设施建设融资所用,或者换一句话说,资本市场的投资者是否真的会对公共设施的投资感兴趣。而决定资本市场投资者投资兴趣的根本原因显然应该是投资标的带来的投资回报的可能性。

据财政部相关统计数据，在我国过往实施的公共设施建设项目中，不同的公共设施项目投资回报率的表现是不一样的。例如，污（废）水处理等经营性比较强的公共设施投资回报率可高达15%以上，也有的项目投资回报率在10%至15%之间甚至更低。近几年，经营性公共设施建设的投资回报率出现下降趋势，有的项目甚至只有5%左右的投资回报率。但笔者认为，肯定还有投资回报率更低的项目。但是由于资本市场存在着各类回报需求的投资者，例如，个人投资者或者投资资金规模较小的投资机构，其投资回报率要求往往较高；而保险、基金及银行资金或者其他投资金额庞大的机构则追求投资的高安全性，对回报率要求较低；国际资金的要求甚至更低，即便2%左右的投资回报率都能吸引大量投资者。从以上分析看，资本市场投资者需求的多层级性保证了资本市场对公共设施投资的充足兴趣。

当然，公共设施建设领域中也存在着没有任何收益的纯公共物品性质或准公共物品性质的公共设施。对于这类项目，笔者认为，政府完全可以把交由私人企业建设节省下来的建设成本作为收益，甚至还可以再加上投资总额中一定比例的政府补贴给付私人企业，这样必然吸引对其感兴趣的投资者。因此，只要机制设计合理，任何公共设施项目都能够在资本市场找到相应的投资者。

第三节　地方公共设施建设融资利用资本市场重构的具体方案研究

对地方公共设施建设全面采用公私合作模式，具体方案如下。

一、对纯公共物品性质的公共设施建设采用政府采购模式

过去，我国纯公共物品性质的公共设施建设一般主要由政府授权其控制的地方政府融资平台或其他国有企业进行投资和建设，其建设效率低，建设成本高。未来，可全部采用政府采购的形式交由合作的私人企业进行投资、建设和运营。如敞开式道路等,可以由公共设施建设的合作私人企业本着专业化、规范化、标准化和透明化的原则,与政府发展计划、财政、建设等主管部门签订政府采购协议,约定每年的支付规模,以此形成可预期的稳定现金流,由该私人企业对这部分现金流入进行市场化的运作,设计出资本市场内能够接受的产品,进而实现更大规模的融资。这样可以形成一整套由政府对纯公共物品公共设施建设采购的机制,该机制可以使纯公共物品性质的公共设施建设的资金供给具有规模性和稳定性。

政府采购模式的实施可以在新建项目在项目开工前,与公共设施建设合作企业签订采购协议,也可以对合作企业建成后的存量公共设施项目资产签署回购协议。这样,既解决了纯公共物品项目建设所需的资金问题,又完善了公共设施建设的载体功能,使公共设施新建项目和存量资产都具备稳定的现金流,可以开展包括资产证券化在内的多种融资运作。采用政府采购模式,能够促使公共设施在建设效率上大幅提高,同时在建设成本上有效降低。

二、对准公共物品性质公共设施建设采用特许经营模式

准公共物品性质的公共设施建设项目由于得不到合理的回报,单纯的市场机制无法完全发挥作用,需要政府进行补贴使此类项目的收益达到接近市场化的水平,以保证持续的供给。项目的收益水平包括政府特许经营权的授予所产生的经营收入和适当的财政补贴。二者可以使得准公共物品性质的公共设施建设项目维持合理的利润水平,既充分利用了社会资源,又使得此项目可以持续运营下去。

实施特许经营模式融资需要对项目的未来收入进行预测,包括主营业务收入以及衍生资源收入等。这些都需要有关部门通过科学的评估体系来完成,以保证政府财政补贴规模的合理性,为准公共物品性质的公共设施建设项目带来相对稳定的现金流入。

政府采购模式和特许经营模式协议的签署,均需要经过地方政府召开专门会议,授权某个政府部门或者国有企业代表政府与公共设施

建设投融资机构签署协议,这样,契约关系才具备法律效力,才能保证后期资金供给的稳定性和连续性。

三、由私人企业实行独立自主的经营管理

在实行公私合作的公共设施建设背景下,合作的私人企业应按照合同独立自主行使公共设施的建设运作及经营管理权。一切投资及资本市场融资的运作由合作的私人企业遵从市场法则自主操作。在市场机制的作用下,合作的私人企业可以根据项目建设的情况进行权衡,选择长期信贷、股权融资、债券融资、信托融资、保险融资、中期票据、资产证券化、产业基金等任何一种融资模式或几种融资模式的组合。

公共设施建设的监控职责则由公私合作机制下的政府方根据不同的职能分工,使不同的职能部门分别承担。对于纯公共物品或准公共物品性质的公共设施建设项目,政府方还必须在项目建设过程中或建成后根据公私合作合同通过市政债券的发行,或者使用财政收入履行向合作的私人企业履行建设资金支付责任,如果有必要,还必须提供其他支持及资助和协助。

第四节 本章小结

从既有的实践来看,我国各级地方政府筹措的公共设施项目建设资金大都源于国有企业,并最终形成各种形式的地方政府隐性债务,对私人企业及其属性一致的市场化的资本市场利用效率极低,基本没有实现有效利用资本市场的政策设计初衷。究其原因就是我国地方政府存在错误的以"私"为壑的公共设施建设融资思想,以及在这种错误思想指导下的各项不当操作。为了改变这种局面,真正有效利用市场化的资本市场,我国政府必须改变这种不合时宜的思想及相应操作。本章就公共设施建设融资思想的纠正与重建、资本市场利用战略重构及其具体方案进行了研究。

在纠正思想方面,本书提出了"去除政府转嫁支出负担、转嫁债务风险"的公共设施建设融资思想,以及构建有效利用私人企业特点和优势的公私合作机制的政策建议。在资本市场利用战略重构方面,本书提出了应彻底改变过去把负担和风险转嫁到资本市场上的想法,树立借助于资本市场缓解自己短期集中大规模筹措建设资金的困难,并借助于资本市场提升公共设施建设效率,同时为资本市场的投资者提供更加丰富多样的投资产品的正确思想。在地方公共设施建设融资资本市场重构的具体方案研究方面,本书提出了区分不同性质公共设施,并施以不同融资策略的观点,同时具体指出了对纯公共物品性质的公共设施建设采用政府采购模式;对准公共物品性质的公共设施建设采用特许经营模式;对由合作的私人企业实行独立自主的经营管理,并由政府承担建设质量监控职责和必要的支付义务。

第五章　地方公共设施建设管理模式创新研究

第一节　重构地方公共设施建设管理模式公私合作新机制

一、确定公私合作机制下公共设施建设项目范围

从本书所持观点的角度来看，只要合作机制设计合理，理论上所有公共设施建设项目都可以纳入公私合作机制下的公共设施建设项目。然而，每个国家都有特定的建设需求及特殊的国情，因而，在实践中，世界各国政府应根据各自国情及需要，界定不同的项目范围。

我国根据国情大致确定了公私合作机制下的公共设施建设项目。国务院于2014年11月发布的《关于创新重点领域投融资机制鼓励社会投资的指导意见》（国发〔2014〕60号）规定，可采用公私合作模式的项目包括：水利部牵头参与的节水供水重大水利工程、住房城乡建设部牵头的市政公共设施建设，能源局牵头的常规水电站和抽水蓄能电站、工业和信息化部牵头的宽带接入网络建设和业务运营等。同年12月，国家发展改革委规定了PPP模式主要适用于政府负有提供责任同时又适用市场化运作的项目，主要包括燃气、供电、供水、供热、污水及垃圾处理等市政设施，公路、铁路、机场、城市轨道交通等交通设施，以及水利、资源环保及生态保护等项目。另外，各地新建市政工程以及新型城镇化试点项目，PPP模式都适用。财政部对此也作出了原则性的

规定,即投资规模较大、市场需求稳定、价格调整机制灵活、市场化程度较高的公共设施及公共服务类项目都适用PPP模式。

以上政策文件的规定大致反映了我国现阶段特别的建设需求及特定国情。笔者认为,以上规定可以大体满足未来5~10年的公共设施建设需求,所以目前来说是妥当的,未来可以再根据需求及国情变化情况作出适当调整。

二、确定公共设施建设公私合作实施准则

确定公共设施建设公私合作实施准则,即确定实施公私合作项目需遵循的指导原则和行为规范。该准则规定了负责实施公私合作的机构和人员应遵循的标准。该准则通常由规章和流程组成,其内容详述了如何实施该准则。如卡纳塔克邦州政府公共设施政策明确阐述了"试金石准则";澳大利亚国家公私合作政策框架中阐述了七大准则,即性价比、公共利益、风险配置、结果导向、透明原则、问责制、调动市场;巴西联邦公私合作法阐述了使用公私合作的主要准则,即效率、尊重终端用户和有关私营部门的利益、不可转让的监管、司法和执法责任、透明原则、客观的风险配置、财务可持续性;哥伦比亚国家公私合作法确定了该国家公私合作政策中的主要准则,即效率、必要性和高效的风险配置,该法律还阐明了对私人投资者全部付款的前提是公共设施达到合同设定标准;巴西圣保罗州公私合作法中阐述了指导公私合作项目和实施的准则,包括效率、尊重终端用户的利益、对必需品和服务的普遍使用权、透明原则、财政、社会和环境责任等。

我国发改投资〔2014〕2724号文规定了实施公私合作项目的主要原则包括转变职能,合理界定政府的职责定位;因地制宜,建立合理的投资回报机制;合理设计,构建有效的风险分担机制;诚信守约,保证合作双方的合法权益;完善机制,营造公开透明的政策环境。同时,我国财金〔2014〕156号文规定了切实遵循PPP合同管理的核心原则,包括依法治理、平等合作、维护公益、诚实守信、公平效率、兼顾灵活。可见,国家发展改革委提出的原则是基于我国宏观国情,而财政部更多的是针对公私合作项目本身,具有微观性。二者都是为了给私人企业进入公共设施领域创造一个公开和公正的环境,以及建立一个更为透明和公平的流程。

三、设立高效运行的公共设施公私合作政府方常设履职机构

为使公共设施建设公私合作机制有效落地和运行,政府需要启动和公共设施项目公私合作相关的常规性工作,如制定PPP项目政策、发起和识别PPP项目、分析PPP具体项目的可行性、负责PPP项目交易以及管理、监督和执行PPP项目合同等。而履行这样的常规性工作,就必须设立公共设施公私合作政府方履职机构。

(一)赋予公共设施公私合作政府方常设履职机构必要的地位和权限

如果要使设立后的公共设施公私合作政府方履职机构完成好公私合作的相关工作,则应该赋予该机构清晰、具体的职能,并赋予其决策权,而不是仅仅扮演辅助角色。根据我国的行政体制特点,可能应该赋予该机构较高的行政地位,并通过设置特定机制使得该机构可获得高层的一贯支持,另外还应该赋予该机构终止和变更设计粗劣的PPP项目的权力,同时保证事权与推进PPP项目的责任相匹配,否则可能难以有效地推进公私合作机制下的公共设施建设,并确保其建设质量。

另外,确定该机构的归口管理部门也至关重要,因为这对其完成跨部口协调和获得政治支持极为重要。PPP项目管理机构通常设在财政部等强势部门更利于发挥作用。

(二)赋予公共设施公私合作政府方常设履职机构合理的人力资源结构

公共设施公私合作政府方常设履职机构在协调、问责以及监控PPP项目合作机制下,履行的是行政和经济管理的双重职能。因此,其在人力资源构成上既应该有充分了解政府办事流程和行政工作经验丰富的公务人员,又应该有商业经验丰富的市场人士。

(三)赋予公共设施公私合作政府方常设履职机构合理的行政结构

根据中共十八届三中全会《中共中央关于全面深化改革若干重大问题的决定》中的重要举措分工方案,财政部是落实公共设施公私合

作制改革举措的第一责任部门。财政部按照党中央、国务院的统一部署,在公共设施及公共服务领域大力推广运用公私合作制模式在机构能力、政策扶持、制度建设、项目示范等方面开展系列工作。2014年12月,财政部政府和社会资本合作中心(以下简称"PPP中心")正式获批,财政部相关部门主要负责人为主要成员,PPP中心主要承担PPP项目工作的政策研究、咨询培训、信息统计和国际交流等职责,同时为推进PPP项目工作提供必要的技术支撑和组织保障,实现稳定增长、调整结构、惠及民生和企业发展的多赢。

与PPP中心类似的公共设施公私合作政府方履职机构可以考虑实施中央和省级政府两级设置,在规模较大或较重要的地级行政单位也可考虑设立。PPP模式下的政府方常设机构设置方式,在很大程度上反映了政府的规模和结构以及投资决策权的下放程度,如澳大利亚、德国、英国等都设立了地方PPP项目政府方常设机构。

(四)明确公共设施公私合作政府方常设履职机构责任

大部分国家明确界定了公私合作中政府方常设履职机构在公共设施公私合作的过程中的角色职责和定位。各国根据项目的需求以及本身的机构责任和能力不同,明确的机构责任也存在差异,没有统一标准,但明确了公私合作系统承担的一般性责任,以及这些责任如何在实际公私合作系统范围内进行分配。这些一般性责任包括实施项目、审批项目及监管和控制流程等。

公共设施公私合作项目的实施包括从识别潜在项目,到评估、组织、起草合同、招投标以及签署合同后最终管理合同等步骤的执行。这个过程需要一系列的专业技能和专业知识,包括项目的经济和财务评估、部门需求、采购和合同管理、组织项目合同的专业知识等。因此,通常需要获得来自其他具有相关技能和经验机构的协助。

大多数国家的政府制定了公共设施公私合作审批投资项目的规则,即确定由谁许可执行项目的继续实施。各国对于审批公私合作项目的司法管辖区的做法不尽相同,机构的确定方式也是不同的。一些国家要求立法机构对项目进行审批,大多数情况下,审批工作由内阁级委员会、财政部或二者共同承担。各国对审批要求也是存在差异的，如澳大利亚维多利亚州公私合作的审批要求分为四个阶段，即项目选择、签发意向书、签发项目合同、执行合同。南非的公私合作项目审批由财政部负责，项目在四个节点需要上报审批其可行性，即投标文书编制、投标实施、完成谈判和签订合作合同。

根据我国财金〔2014〕113号文件精神，县级（含）以上地方人民政府可建立专门协调机制，成立公私合作机构，主要负责项目评审、审批流程等，政府及其指定的有关职能部门或事业单位可作为项目实施机构。

在公私合作制过程中，项目实施机构应根据项目需要，将一系列的评审报告提交PPP中心或中央常设履职机构进行备案，并将项目合同中涉及的政府支付义务，纳入同级政府预算管理。对采用公私合作模式的公共设施，政府可以通过使用绩效指标来监管和控制私人企业提供商的活动与绩效。同时，PPP中心需要对公私合作模式项目的成本效益、可持续性、监管成效、合作模式应用等进行绩效评价，将其评价结果作为政府开展公私合作管理工作决策的参考依据。

（五）完善公私合作流程

规范的公私合作流程有助于确保公私合作项目的发展与国家目标一致，也有助于实现各方实体间的协调合作。许多国家明确了开发和实施公私合作项目所必须遵守的流程。

一个明确的公私合作流程需要分成几个阶段，每一个阶段都需要反复对公私合作项目进行充实和评价，并且每一个关键阶段都需要进行审批以持续推进，这样有助于监督机构在审批项目时及时介入审查，不必浪费资源开发薄弱项目，也有助于开发预算的合理支出。开发和实施公私合作项目一般包括以下几个典型阶段：

（1）项目识别。这个阶段可由政府或社会发起，初步分析及评估并筛选可行的公私合作项目。

（2）项目评估和构建。这个阶段通常从技术、金融、经济、法律和环境等方面进行可行性研究，从而确定相关重要商业条款，包括合同类型、风险分配和付款机制。

(3) 公私合作合同设计。确定公私合作项目的最后一步是制定公私合作合同和其他协议，包括把商业原则纳入合同条款以及制定合同变更和管理规定，如争议解决协议。

(4) 公私合作交易。在这个阶段，政府选择有可能实施公私合作项目的私营部门，通常包括准备和竞标过程。投标人需要提交其资格证明、详细技术和融资建议书，政府通常经过若干阶段对投标材料进行评估，最终选出优先竞标者。

(5) 公私合作合同管理。项目合同融资完成后，政府必须在合同期间全过程管理合同，包括监控和实施公私合作合同和管理公共和私营部门合作伙伴关系。

公私合作的流程如图 5-1 所示。

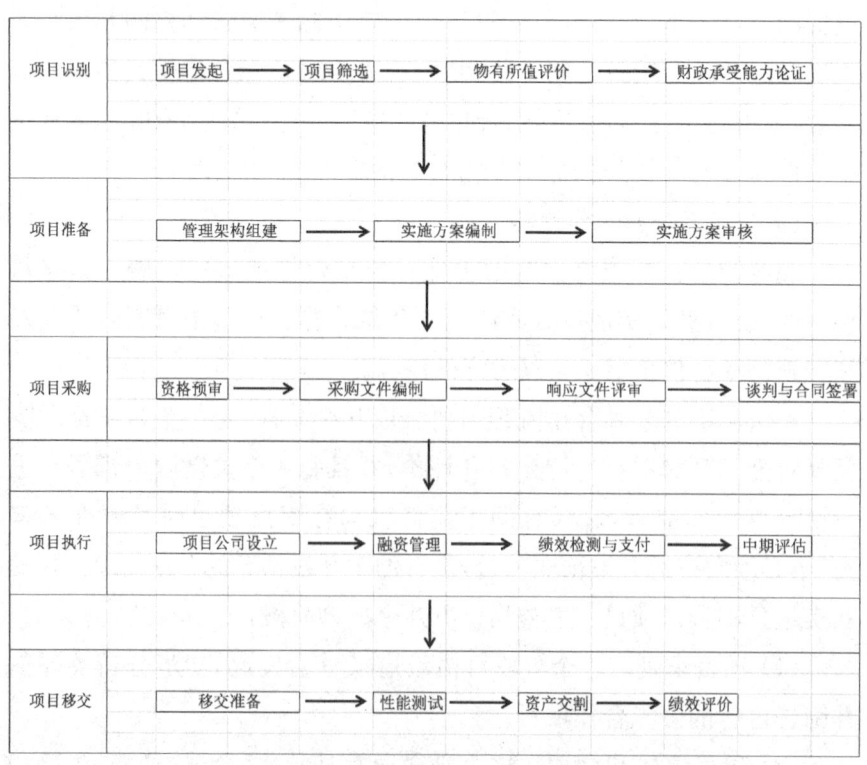

图 5-1　公私合作的流程

第二节 我国地方公共设施建设的其他创新研究

一、形成科学透明的定价程序和制度

就政府采购项目而言,由政府相关部门或国有企业与公私合作机制下的私营部门之间签署的协议本身就具有垄断性质,因此要注意采购项目定价的程序化和透明性;就特许经营项目而言,政府主管部门要结合当地经济发展状况和对预期增长形势来制定收费价格,进而对项目的收入进行预测,制定项目的财政补贴标准。这些环节都需要程序化、科学化和透明化,保证公众的知情权。

在价格调整上,准公共物品价格调整会影响其经营收入,进而影响其现金流状况。一般来说,经营企业希望调高价格。但是其服务面向社会的特点要求其考虑社会经济发展水平及当地物价水平,所以服务价格调整要有一整套的程序安排,包括市场调研、信息收集、企业经营分析、服务目标改进确认、公众咨询、专家论证等。

二、彻底改造地方政府融资平台职能

呼应全面开展公私合作模式的公共设施建设管理模式的创新,彻底改造地方政府融资平台的职能,消除地方政府融资平台融资及项目建设及运营功能,甚至取消其企业性质,将其改造成代表政府行使公共设施建设外包、特许经营、过程监控等对接公私合作机制下私营部门的职能的机构,或者直接把它转变为PPP模式下政府方日常履职结构。经营性收益全覆盖型的地方政府融资平台则彻底转化为普通国企。

彻底取消地方政府融资平台的融资、项目建设及运营等企业功能十分重要,否则,即便目前迫于形势需要,中央政府或监管部门在某个或某些阶段对其实行严格的监控,但是一旦条件成熟,它又将死灰复燃,成为行使融资职能的变种机构,从而使得地方政府违法违规举债

无法得到真正彻底的治理,地方政府隐性债务风险也将继续累积。

三、引入第三方监管

为了避免监管过程中发生权力过于集中、信息垄断、寻租设租等现象,保证监管机关的公正性,本书建议引入包括诸多社会中介机构在内的第三方监管。在政府建设、审计等主管部门的主导下,形成包括中介机构、新闻媒体、社会公众在内的全方位、多元化监管体系,对项目资金流动进行监管,保证建设资金发挥最大的社会效益和经济效益。

第三节 本章小结

本章对地方公共设施建设管理模式创新进行了具体研究。

首先,本章提出了全面重构地方公共设施建设管理模式公私合作的新机制,主要包括确定公私合作机制下公共设施建设项目范围及公私合作实施准则、设立高效运行的公共设施公私合作政府方常设履职机构,并提出应赋予公共设施公私合作政府方常设履职机构必要的地位和权限、合理的人力资源结构及行政结构,明确了公共设施公私合作机构责任和公私合作流程。

其次,本章提出了公私合作项目的定价机制与相应方案,提出要注意采购项目定价的程序化、科学化和透明化,同时保证公众的知情权。价格调整要有一套包括市场调研、信息收集、企业经营分析、服务目标改进确认、公众咨询、专家论证等在内的程序安排。

最后,本章提出为了避免监管过程中发生权力过于集中、信息垄断、寻租设租等现象,保证监管机关的公正性,必须引入包括中介机构、新闻媒体、社会公众在内的第三方监管。

本章还建议分类改造地方政府融资平台职能,使其成为对接公私合作机制下私营部门的职能管理机构或政府方常设履职结构。

第六章 地方公共设施建设融资风险控制研究

第一节 地方公共设施建设融资风险控制设计

一、机制设计

地方公共设施建设融资风险控制主要包括总量控制、项目可能性控制及项目实施过程监控。为了防止项目风险、保证公私合作项目的有效运行,除了需要政府行政归口管理部门或其授权机构对项目进行监督和控制,还需要立法机构、审计机构和社会公众的共同参与。为了使监管能够有效落地并高效运行,还应建立相应的地方公共设施建设风险控制管理信息系统,管理信息系统由政府行政归口管理部门或政府归口管理部门机构授权的其他机构负责日常管理、运营和维护。

二、职能分工设计

1. 立法机构的职责

立法机构的职责主要包括以下几个方面:

(1)通过公私合作法规明确公私合作框架。出台公私合作法规的目的之一就是使政府立法机构能够制定关于如何发展与落实公私合作项目的条例,并依法要求责任人负责。

(2)确立公私合作模式承诺限额。立法机构可限制公私合作总额或一年内使用的金额,管理公私合作可能产生的风险及代际公平问题。

(3) 批准公私合作项目。

(4) 接受并审查关于公私合作项目的报告。立法机构检查各政府部门提供公私合作项目预算文档以及其他财务报告相关的信息,审查对公私合作的承诺,并且让决策者承担责任。

2. 审计机构的职责

审计机构的职责主要包括以下几个方面:

(1) 向政府部委和公众提供对政府财政支出状况与政绩的独立审核,通常包括两类审计:一是合规性审计,包括对政府机关和政府整体财务报表的审计及决策过程合规性与廉洁性审计;二是效益审计,审查政府的效率和效益。同时,审计机关对公私合作项目履约前进行审批,需将公私合作承诺与流程作为公私合作合同主管部门与政府整体定期审计的一部分。

(2) 公私合作合规性审计。审计机关对合同主管部口执行合规审计时,需要核实公私合作承诺是否如实反映在会计账簿里,是否遵守公私合作流程。核实合规性,要求审核项目已满足公私合作规定要求,如项目前期对私营部门的选择、公私合作项目立项的审计监管;项目建设期对公私合作合同及其相关工程合同进行审计监管,对工程款支付和工程造价的跟踪审计监管,对项目各参与单位的财务管理的审计监管等。

(3) 公私合作项目效益审计。公私合作项目效益审计是指审计机构对特定公私合作项目进行的效益或性价比审计。最高审计机关国际组织(the International Organization of Supreme Audit Institutions, INTOSAI)颁布了公私合作项目审计指导方针,并建议审计机构应在项目采购不久实施审查,在项目周期内开展进一步的审查;审查范围包括对性价比造成影响的交易的所有主要方面,如项目运营期,对公私合作项目后评价审计监管,对项目经过试运行后有关经济、技术指标是否满足预期目标进行独立的审计监管。例如,2011年牙买加一项名为"天然气再气化"的建设项目被居民举报,政府审查了整个采购过程,检查了各个项目参与者,发现了潜在的利益冲突。

(4) 审计公私合作项目。在公私合作项目发展较为成熟的部分国家,审计机构会从整体上审计公私合作项目的性价比。例如,在英国,审计机构会将公私合作项目同通过传统途径获得的公共项目进行比较,评估公私合作项目是否更好以及如何提高性价比,并将评估结果反馈至公私合作项目决策程序。例如,2011年,英国国家审计局对PFI项目及其他大型采购项目实施了一项审查,评估了项目的各个方面,包括性价比、项目准备和实施及问责制,在此分析基础上为进一步完善PFI项目提供了建议。

3. 社会公众职责

公私合作旨在为社会公众提供功能良好的公共设施和公共服务。对于任何一个公共设施公私合作项目而言,确保社会公众适当地参与公私合作项目流程,对于保证项目的正当性至关重要。公众参与公私合作流程的各个部分有助于公私合作项目的顺利展开。同时,实现公私合作项目和流程的透明化能够使得公众对公私合作效能展开公共政策辩论,有助于形成公众对政府整体政绩的意见反馈。社会公众参与公私合作流程主要体现在三个阶段:在项目计划开发阶段,鼓励社会公众参与制定公私合作政策框架,使公众从项目一开始就参与其中;在项目开发阶段,继续鼓励社会公众提供大量反馈信息,咨询利益相关者意见,将公众利益的意见贯彻在公私合作项目中;在项目合同监督阶段,将公众反馈与投诉解决机制纳入承包合同和管理框架中。

提高公私合作项目的透明度,实现社会公众参与项目的监督。政府通过各种途径公开公私合作项目信息,使社会公众就政府实施公私合作的绩效发表有事实依据的观点。当公私合作效益不佳时,公众可以反过来对政府施加压力以改善业绩。

第二节 地方公共设施建设风险控制管理信息系统研究

一、系统管理机制

为了使公私合作政府方能够对公私合作项目进行有效的监控,有必要建立相应的地方公共设施建设风险控制管理信息系统。为使管理信息系统能够真正落地实施并有效运行,必须先梳理所有需要纳入监控的工作环节和监控数据,然后根据监控需求设计科学完备的管理信息系统。

为使管理信息系统能够真正落地实施并有效运行,公私合作机制下的公共设施建设从项目发布、筛选、评估认证、确立、合同设计、招投标、私人合作机构确定、合同签署到项目建设开始、项目进程、融资、政府支付、项目竣工、绩效评价等全过程的相关信息都需纳入管理信息系统。

为使管理信息系统能够有效运行,还必须明确各相关职能部门的监控职能分工、管理层级等管理机制。

公共设施建设风险控制管理信息系统的日常管理、运营和维护则由公共设施建设公私合作常设履职机构或政府归口管理部门授权的其他机构负责。

二、系统总体设计目标

系统建设目标是为地方公共设施建设对口管理部门及建设单位建立一个融资管理、资金运营及风险控制的一个管理信息系统,它涉及各类融资业务的管理。例如,银行贷款的合同签订、抵押担保、放款、还款、利息测算;企业债券的募集、发行、偿还、利息支付;信托融资的合同签订、放款、还款、融资成本测算;资管融资的合同签订、放款、还款、融资成本测算;企业间的资金拆借及归还;银票的受信管理、银票开具、银票贴现、银票使用及企业银票登记簿管理;融资租赁管理等各类业务的公共设施建设融资管理系统。

地方公共设施建设风险控制管理信息系统是对公共设施建设融资全过程的规范,是公共设施建设融资事务与资金的监管系统。其具体目标如下:

(1) 实现地方公共设施建设融资事务的自动化处理,提高工作效率。

(2) 实现地方公共设施建设融资信息自动化发布与处理,提高服务质量。

(3) 实现地方公共设施建设融资全过程监督,提高资金使用效益及工作透明度。

(4) 实现地方公共设施建设融资风险的监控与预警,防范地方政府债务风险的形成与累积。建立供地方政府、地方政府债务管理部门、地方公共设施建设融资管理部门领导使用的查询系统,并可以综合查询本地区的各项公共设施建设融资及各类相关债务的数据,为政府公共设施建设决策提供科学的数据支持。

(5) 可以为各级地方政府债务管理部门各级管理层、地方公共设施建设融资管理部门提供审批汇总债务数据的功能。

(6) 为各相关单位提供债务业务网上实时运行、债务数据网上实时共享的功能。

三、系统业务需求描述

(一) 地方政府债务管理平台系统对应的范围和用户分析

地方政府债务管理平台系统是一个数据采集上报系统,同时也是一个报表分析和预警系统。系统使用单位包括各地方政府、地方政府债务管理部门、地方公共设施建设融资管理部门、地方公共设施建设合作私人机构。

系统业务数据由地方公共设施建设融资管理部门和地方公共设施建设合作私营企业填报,由地方政府债务管理部门审核后,再分别报送地方政府以及财政部。系统分权限进行数据管理。不同级别的地方政府债务管理部门、地方公共设施建设融资管理部门可查看并修改的数据是不同的;不同职责的人员对于系统操作的权限是不同的;并且权限管理系统应是可扩展的。

(二) 融资信息管理平台系统的需求分析

1. 融资业务管理需求分析

融资业务管理牵涉的业务众多,包括银行贷款、抵押担保、信托融资、资管融资、债券融资、融资租赁、PPP融资等一系列融资业务；包括一系列相关报表，如银行借款及使用情况报表、土地抵押到期贷款表、对外担保还款计划未录入预警、信托计划发行及使用情况报表、债券发行及使用情况管理报表、金融分析表、融资情况总表、利息清单、还款明细表等；还包括融资预警系统，如即将到期的借款预警、月度或季度分期还款预警、融资超限预警、融资成本超限预警等。

2. 地方政府债务风险管理需求

地方政府债务风险是指地方政府无法按时足额偿还各种到期债务（包括显性债务和隐形债务）的可能性。近些年来，我国各级地方政府不同形式的举债行为，尤其是通过地方政府融资平台进行非法的隐形举债，使得各级地方政府债务规模不断扩大，地方政府的债务风险日渐显现，并已成为威胁我国经济安全与社会稳定的重要因素。

债务数据集中管理是政府债务管理科学化、规范化的重要基础，制度化是切实提高政府债务管理水平和对地区重大项目建设资金的保障能力、合理确定政府债务规模、防范政府债务风险的基础。债务数据的管理，是债务管理不可分割的组成部分。我们通过债务的编制审批，确定地方政府的建设项目规模以及资金需求量，按照项目计划以及财政预算资金的安排，确定融资计划以及偿债计划，以保证地方政府建设项目的顺利落实和市政府目标的实现。

四、系统数据仓库设计

融资数据平台主要来源于各公共设施建设单位的财务和业务数据，这些数据是系统运行的重要反映，将数据合理存入数据库是进行数据开发利用的前提，也是系统安全稳定运行的保障。

系统数据主要由基础信息数据和业务数据两个大类构成。

（一）融资数据平台基础信息数据结构设计

基础信息管理模块包含以下功能：公司字典、金融机构字典、项目字典、房产字典和土地字典、承诺方式及担保方式字典、融资性质字典、融资利率字典、融资费用字典、还款来源字典、项目类型字典等。

1. 公司字典

该功能用于维护各公司的基础信息，并根据公司的级次，设立多层级的结构，反映各公司之间的层次关系。用户可对公司的级次结构进行调整、增加、修改和删除。

2. 金融机构字典

该功能用于维护金融机构的基本信息，并根据金融机构的级次，设立多级结构，以反映出金融机构之间的层次关系。用户可对金融机构的级次结构进行调整、增加、修改和删除。

3. 项目字典

该功能主要用于对融资项目的管理，以及每个项目的基本信息的管理。用户可以对每个项目进行管理操作。

4. 房产字典和土地字典

该功能是用于对公共设施建设实施单位可用于抵押的房产和土地固定资产的管理，以及每个房产和土地的基本信息的管理。用户可以对每个房产进行管理操作并进行增加、修改和删除。

5. 承诺方式及担保方式字典

该功能用于对承诺方式与担保方式的管理。承诺方式主要包括开发区承诺、财政承诺、人大决议、无承诺。担保方式主要包括信用担保、保证担保、土地抵押、房产抵押、质押担保、其他担保。

6. 融资性质字典

该功能主要用于对融资性质的管理。融资性质按借款方式可分为银行贷款、信托融资、资管融资、发行债券，融资租赁、PPP融资、企业拆借与其他形式融资。

7. 融资利率字典

该功能用于输入各融资产品融资利率，同时能够根据即时利率对系统中执行利率进行调整，并记录调整的日期，系统还可自动进行正确性校验。

8. 融资费用字典

该功能用于输入各融资产品除融资利率外的其他融资成本，如手续费、管理费、经纪费等,同时能够根据实际情况对系统中费用数据进行调整,并记录调整的日期。

9. 还款来源字典

该功能用于对还款来源的基本信息进行维护。还款来源主要包括公共设施建设项目运营收益、土地拍卖收益、政府专项资金安排、财政预算安排、金融机构借款、国家借款等。

10. 项目类型字典

该功能用于对项目类型的管理,以及对每个项目类型的基本信息的管理。项目类型包括纯公益类、准公益类与非公益类三项。

通过上述分析,我们可以得出基础信息数据结构,并建立相应的数据表。

(二) 融资数据平台业务数据结构设计

业务数据录入模块包含如下功能:银行贷款管理、对外担保、信托融资管理、资管融资管理、融资租赁管理、债券融资管理等功能。

1. 银行贷款管理

对所有银行贷款的管理,用户根据借款合同录入借款合同所需体现内容,主要包含担保方式、提取利率版本、设置执行利率等基本信息以及上传放款所需文件以附件形式上传,保证放款手续的完整合法性,方便后期查阅,同时录入还款计划和审批状况。系统管理员审批完成后建设或管理不能对该借款进行修改等。

2. 对外担保

对平台公司对外担保的管理,在录入担保合同时,需要录入合同所需细节内容包括担保方式,担保单位,合同利率,借款人、贷款人的信息,对担保公司分期还款进行记录并列出分期还款的明细,说明还款时间和还款金额。

3. 信托融资管理

对建设单位信托融资业务进行管理,其基本内容包括信托计划名称、编号、合作信托机构名称、信托合同、信托利率、托管银行、还款来源安排等信托融资业务信息的录入及管理,如修改、增加、删除相关内容等。

4. 资管融资管理

对建设单位资管融资业务进行管理,其基本内容包括资管计划名称、编号、合作资管机构名称、资管合同、资管利率、托管银行、还款来源安排等资管融资业务信息的录入及管理,如修改、增加、删除等。

5. 融资租赁管理

对建设单位的融资租赁进行管理,在融资租赁合同录入时,先需要对融资租赁的基本内容、融资租赁的相关各方的基本信息以及租赁物的明细列表录入,并可对租赁物明细列表进行管理,如增加、删除、修改;对单个租赁物进行管理,包括资产的名称、资产的类别、购入价格、原值、净残率、净残值、折旧方法、月折旧率、累计折旧、使用状况等;对租金的明细情况进行管理,包括租金的支付日期、金额等。

6. 债券融资管理

对平台公司发行企业债券进行管理,建设单位在发行企业债券时,先需要录入企业债券的基本信息,基本信息包括企业债券的发行人,以及企业债券的兑付的明细列表,并可对兑付明细列表进行管理,如增加、删除、修改;对单个兑付的管理,如增加、删除、修改;并注明支付的日期、支付的金额等。

第三节 本章小结

本章主要对系统设计部分进行讲述,分三个部分展开。首先对本系统管理机制进行分析,以便对管理角色和权限进行设计;其次对总体设计目标进行分析,以便确定系统的基本功能模块;最后进行系统数据仓库搭建,为系统搭建奠定最重要的技术设计。

通过本章可了解融资管理系统的设计方案以及主要技术选定,从而为系统的开发实现作好铺垫。

第七章 研究结论、创新、不足与展望

第一节 研究结论

本书研究了我国地方公共设施建设资本市场利用方略,包括融资模式、管理创新及风险控制等问题。我们通过全面深入的研究得出以下研究结论。

一、我国合理发展地方公共设施建设是重要的

公共设施建设是改善经济发展环境、促进地方经济发展的重要物质基础。从全球范围看,一个国家的公共设施环境的优越程度在很大程度上决定着该国的经济发展水平,同时公共设施的发展水平也是该国经济发展水平的重要标志。随着中国经济的飞速发展,对保障经济蓬勃健康运行的公共设施的需求日益旺盛和急迫,大力合理发展公共设施建设以满足经济发展的需求成了地方政府的重要任务。

二、发展地方公共设施建设必须充分利用资本市场

发展地方公共设施建设面临的一个重要课题就是建设资金的筹措。我国公共设施建设融资经历了一个漫长的发展历程:从改革开放前几乎完全依靠财政资金投入,到商业银行贷款的加入,财政资金投入也伴随着经济的不断发展而持续增长,但仍远不能满足公共设施建设资金的巨大需求。于是,求助于长期资金供给的资本市场成为一个必然的选择。

三、我国地方公共设施建设融资的资本市场利用战略遭受困境,急待解困

在确定了资本市场利用战略后,我国地方政府曾经展现了强大的开拓创新精神,尝试了国际银团贷款、债券发行、设立地方政府融资平台、信托融资等各种创新模式,并对西方发达国家惯用的 PPP 融资模式等也进行了学习和尝试。然而公共设施建设依赖的主要资本市场融资模式,如债券发行及 PPP 模式,实际上其资金来源供给者绝大部分最后都成了国有企业和国有金融机构,这实际上形成了在国有资金内源融资的局面,向资本市场融资成了"空把戏"。这和西方发达国家公共机构、市场及私人机构共同参与的公共设施建设模式相去甚远,离真正市场化的机制也相距遥远,同时也使得地方政府隐性债务风险越演越烈。重建资本市场利用方略,寻找公共设施建设资金的有效供给机制成了迫在眉睫的课题。

四、地方公共设施建设融资正确进军资本市场,必须正确采用公私合作模式

由于地方政府在采用公私合作模式时抱着转嫁负担和转移风险的动机,PPP 模式最终失败,地方政府债务风险进一步累积。2018 年,中央政府开始高度警觉,对 PPP 模式由支持转向限制。国际经验告诉我们,公私合作模式的确是解决公共设施建设的有效模式,我国 PPP 模式的失败是我国地方政府不当的运用造成的。所以,我们对 PPP 模式要有正确的认识,不能把我们对公私合作模式的运用不当看成是公私合作模式的不适用性。

当前,解决我国公共设施建设融资的困境,需要继续坚持公私合作模式,摒弃我国地方政府把 PPP 模式看作融资模式,并希望借以转嫁负担、转移风险的错误理念,要根据我国国情和市场实际情况,实事求是地制定符合经济和市场规律的科学融资方案,并从提高公共设施建设效率的角度而不是从转嫁支出负担、转移风险的动机出发利用公

私合作模式。同时，从长远来看，改变政府控制国家绝大部分经济资源的局面可能也是有必要的。

并且，为激发和巩固地方公共设施建设资本市场融资战略的活力和效率，创新公共设施建设管理模式是必要的。为保证地方公共设施建设新的资本市场融资战略的效果，加强公共设施建设的风险控制也是必要的。

第二节 创 新 之 处

一、提出重建公共设施建设的公私合作模式思想

自2015年中央政府大力鼓励地方政府采用公私合作模式推动公共设施建设以来，各地方政府都抱着一种向私人企业转嫁支出负担、转移债务风险的心理发展公私合作模式，这和公私合作模式原本的设计思想，即利用公司合作机制下私人企业运作高效的优势来提升公共设施建设效率的思想背道而驰，而且也是违反市场规律的，从而导致该模式在我国无法发挥作用。而本书提出要破除原有错误思想，回归公私合作模式的初衷，这相对于我国过去利用公私合作模式去融资的研究来说，是一个看起来平常但十分重大的创新，这对于激发公私合作模式的本质特征功效，真正发挥公私合作模式的作用具有十分重要的意义。

二、提出建设公共设施建设风险控制管理信息系统

建设公共设施建设风险控制管理信息系统的提出使得政府对公共设施建设监控有了具体的抓手，这对于公共设施建设风险的管理及控制的有效落地和顺利推进具有重要意义。

三、提出地方政府融资平台新的改造路径

基于对地方政府融资平台和地方政府债务问题的长期观察，笔者

提出了把非完全覆盖型地方政府融资平台,转变为公共设施建设在公私合作机制下的政府方常设履职机构,以承担公私合作模式下对公共设施建设和私人企业监管职责的构想。这不仅对于目前所有研究来说是一个重要突破,对于笔者过去的研究来说也是一个重大突破。之所以提出这样的构想,是因为经过多年的观察,笔者认为这样的改造路径既有利于在新的公私合作机制下利用已有条件更方便地构建政府方监管机构,也有利于彻底消除地方政府融资平台的融资功能,对于解决地方政府隐性债务风险有一定的意义。

第三节 不足与展望

应该说,本书呈现的三大创新是笔者引以为豪的内容,然而其不足在创新里也有所表现。

第一个不足是笔者虽然在本书中提出了建立地方公共设施建设风险控制管理信息系统的构想,但是终究没有设计出具体的可供马上投入使用的管理信息系统,这和时间限制及本书预定的研究目标有关,是笔者的一大遗憾。以后如有机会和需求,笔者将和计算机方面的专家成立跨学科的研究小组,开发出可投入落地使用的地方公共设施建设风险控制管理信息系统。

第二个不足是笔者还没有时间研究出关于中国地方公共设施建设合理规模的测评模型,虽然这是一个与国家和地区的经济发展水平、经济政治制度、社会文化心理、民族性格等众多经济社会因素有关的复杂研究课题,但是笔者认为,这仍然是一个存在可行性的有趣而重要的课题。以后若有机会,笔者仍然希望能够完成这个研究心愿。笔者也希望其他学者尝试研究以上有意义的课题,若有需要,笔者愿意分享自己有关的研究心得。

后　记

2020年11月16日,我终于完成了本书的终稿。停笔凝思,我不禁感慨万千,为了完成这部著作,我前后花了快6年的时间!出于各种原因,期间我曾数度萌生停笔的想法,然而最终还是完成了。

在这6年的时间中,本书研究主题的政策环境和领域实践不断发生变化,与我2013年进入复旦大学博士后工作站开始从事该主题研究时相比,更是发生了翻天覆地的变化。在这6年中,原来的设想不断成为现实,原来的研究成果不断变为政策条款,于是,研究思路和方案也需要不断调整,甚至是大幅度的、颠覆性的调整,这有时使得我身心疲惫,甚至心生畏惧。这种不断因政策和环境变化而不得不作出的调整使得我的工作量无休止加大,研究难度也不断变大,它迫使我不断寻找新的材料进行新的调研,不断迭代过往的思考,甚至迫使我进行基于跨越多个时间段的系统的历史性的思考。经过这么多年,我看到了很多变化,从而不得不梳理这些变化内隐藏的规律性的东西,因为任何基于短时间碎片化的思考和研究模式都不会形成正确的观点,因此也不能形成研究主题核心问题的科学解决方案。最终我排除万难,完成了这部著作。我希望我这个"炼狱"般的经历所换来的研究成果和研究结论能经受得住历史的洗礼,并带给相关政策制定及实践一些有价值的参考。

虽然为了完成这部著作,我个人经历了太多压力、辛酸,甚至煎熬,但如果没有相关人士的支持、帮助和激励,我也是不可能有意愿和条件完成这部著作的。这其中包括我的博士后合作导师、复旦大学国际金融系教授张陆洋先生以及东吴证券原董事长吴永敏先生,他们在我从事本书研究的初期提供了许多有益的建议和启示；苏州国际发展集团董事长黄建林先生在本书调研组织安排、研究坚持等方面给予我多年支持；复旦大学博士后办公室主任黄尔嘉老师则是在课题研究及著作撰写方面给予了我持续的鼓励及"最后一公里"的关键条件支持和帮助，在这方面，我同样要感谢上海市博士后工作办公室主任孙薇蓉女士。我还需要感谢各地相关监管机构及基础设施建设公司的领导及业务负责同志，感谢他们对我的调研进行组织、安排，并倾囊相尽地介绍情况，没有他们的帮助，我是不可能获得关于地方公共设施建设融资相关情况的一手资料，也无法使我的研究紧贴实践；同样，我也要感谢接受我调研的银行、信托及证券公司等金融机构的高管及业务一线的负责朋友，他们也给予了我关于公共设施建设融资相当丰富的信息和观点等。最后，我要感谢资助我出版此著作的上海立信会计金融学院科研处及为本著作出版提供支持、付出辛劳的立信会计出版社相关人员，也感谢其他为此著作撰写及出版提供帮助的朋友。

    本书的研究扎根于实践，且历经多年的反复观察与思考，其研究成果也历经对比、沉淀和迫于实践不断推进的被动升级，并有基于实践教训的反思与批评，希望能为相关政策制定及业务实践提供有价值的参考，也希望为进一步的研究提供有价值的观点与素材。然而，由于出版时间紧张及研究能力的局限性，本书必定会存在不足，因此欢迎各位读者的交流探讨及批评建议。

编者

2020 年 12 月

主要参考文献

[1] 布坎南. 公共财政[M]. 北京:中国财政经济出版社,1991.

[2] 陈柳钦. PPP:新型公私合作融资模式[J]. 中国投资,2005(4):21-24.

[3] 达霖·格里姆赛,莫文·K. 刘易斯. 公司合作伙伴关系:公共设施供给和项目融资的全球革命[M]. 济邦咨询公司,译. 北京:中国人民大学出版社,2008.

[4] 董经纬,来庆泉. 城市轨道交通项目公私合作模式的架构和建议[J]. 都市快轨交通,2006(10):31-34.

[5] 段正梁. 城市基础设施投融资体制创新研究[J]. 求索,2006(9):77-80.

[6] E.S. 萨瓦斯. 民营化与公私部门的伙伴关系(中文修订版)[M]. 周志忍,等译. 北京:中国人民出版社,2017.

[7] FRED B, PETER E. 国家与经济[J]. 杨莉编,译. 经济研究导刊,2009(18).

[8] 高保中. 中国资产证券化的制度分析[M]. 北京:社会科学文献出版社,2005.

[9] 国家统计局. 2011年中国统计年鉴[M]. 北京:中国统计出版社,2011.

[10] 国家统计局. 2008年中国统计年鉴[M]. 北京:中国统计出版社,2009.

[11] 韩立岩,郑承利,罗雯,等. 中国市政债券信用风险与发债规模研究[J]. 金融研究,2003(2):85-94.

[12] 何小峰,宋芳秀. 对资产证券化税收制度安排的博弈论分析[J]. 经济科学,2001(6):21-26.

[13] 何建文. 英国城市基础设施投融资市场化改革的几点启示[J]. 政策,2005(3):58-60.

[14] 何佰洲,郑边江. 效率违约与工程建设契约体系的完善[J]. 建筑经济,2005(29):83-85.

[15] 凯恩斯. 就业、利息和货币通论[M]. 北京:商务印书馆,2005.

[16] 亓霞,柯永健,王守. 基于案例的中国PPP项目的主要风险因素分析[J]. 中国软

科学,2009(5):107-113.

[17] 罗森斯坦·罗丹.东欧和东南欧国家的工业化问题[J].经济学杂志,1943:202-211.

[18] 罗根纳·纳克斯.不发达国家的资本形成问题[M].北京:商务印书馆,1966.

[19] 刘新平,王守清.试论PPP项目的风险分配原则和框架[J].建筑经济,2006(2):59-63.

[20] 李经纬.地方政府融资平台发展现状、产生原因及其演进态势深度分析[J].世界经济情况,2011(10):34-36.

[21] 李经纬.经济社会学视角中的地方政府债务风险问题[D].上海:复旦大学,2012.

[22] 李经纬,唐鑫.中国地方政府债券发行制度设计思考——基于国际经验和新经济社会学视角[J].社会科学家,2014(6):50-54.

[23] 李经纬,吴永敏.中国地方政府融资平台的债务重构与风险治理[J].新金融,2014(11):41-44.

[24] 李经纬.新预算法及地方债管理意见实施背景下的地方融资平台转型与发展[J].中央财经大学学报,2015(2):3-9.

[25] 李婷.基于案例的PPP项目政府信用风险研究[J].内蒙古科技与经济,2016(16):15-19.

[26] 李秀辉,张世英.PPP与城市公共基础设施建设[J].城市规划,2002(7):74-76.

[27] 李琳.基础设施资产证券化融资模式分析与选择[J].华东经济管理,2005(1):25-28.

[28] 李辉,徐霞.基于熵值权的PPP项目风险的模糊综合评价方法研究[J].投资分析,2008(3):163-164.

[29] 潘英丽.关于建立和发展市政债券市场的问题[J].上海经济研究,1997(5):50-52.

[30] 莱米·普鲁霍梅,等.中国城市化战略的模式和前景[J].可持续的城市发展和管理,2001(9):57-63.

[31] 齐艳.我国城市轨道交通吸引民间资本方式研究[J].科技经济市场,2006(7):24-25.

[32] ROY W B, JOHANNES F L.发展中国家大都市政府融资[M].陶然,等译.北京:科学出版社,2013.

[33] 阮青松,周隆斌.资产证券化在我国的突破口选择与操作策略研究[J].科学与科

学技术管理,2003(10):33-34.

[34] 斯蒂格利茨.《经济学》小品和案例[M].王则,译.北京:中国人民大学出版社,2007.

[35] 世界银行.1994年世界发展报告——为发展提供基础设施(中译本)[M].北京:中国财政经济出版社,1994.

[36] V.L.史密斯.经济学中的理性[M].李克强,译.北京:中国人民大学出版社,2013.

[37] 许骏.浅谈我国基础设施建设融资方式[J].新疆金融,2003(7):12-13.

[38] 沈炳熙.资产证券化:让更多的资产流动起来[J].中国货币市场,2006(1):30-32.

[39] 谢伟东,何雯.公私合作模式融资在我国城市轨道交通项目中的实践[J].城市轨道交通研究.2006(3):46-48.

[40] 王丽娅.PPP在国外基础设施投资中的应用及对我国的启示[J].海南金融,2003(11):3640.

[41] 王大用.地方政府负债的合法化问题[N].金融时报,2004-04-13.

[42] 王灏.加快PPP模式的研究与应用,推动轨道交通市场化进程[J].宏观经济研究,2004(1):26-228.

[43] 王海生,何德宏,黄渝详.城市轨道交通公私合作投资模式的风险分析[J].城市轨道交通研究,2005(3):41-43.

[44] 王秀云.国外城市基础设施建设投融资体制改革对我国的启示[J].中国城市经济,2007(11):76-79.

[45] 吴晓灵.积极推进资产证券化[N].金融时报,2005-12-16.

[46] 吴殊.我国城市基础设施投资体系存在的问题及对策[J].商场现代化,2007(1):184-185.

[47] 吴孝灵,周晶,彭以忱,等.基于公私博弈的PPP项目政府补偿机制研究[J].中国管理科学,2013(51):198-204.

[48] 杨大楷,等.国债风险管理[M].上海:上海财经大学出版社,2001.

[49] 杨轶.地方政府利用债券融资促进基础设施建设探析[J].当代财经,2002(7):20-23.

[50] 亚当·斯密.国民财富的性质和原因的研究:下卷[M].郭大力,王亚南,译.北京:商务印书馆,2002.

[51] 尤建新,王皓波.世博市政债券载体研究[J].上海管理科学,2005(2):811.

[52] 郑边江,迟俊辉. 基础设施市政债券融资的法律保障分析[J]. 东北财经大学学报,2005(1):80-82.

[56] 周华,韩立岩. 美国市政债券的发行和监管及对我国的启示[J]. 经济与管理研究,2003(6):60-63.

[57] 周明. 中国资产证券化发展模式研究[J]. 环渤海经济瞭望,2004(4):33-36.

[58] 张宏安. 新中国地方政府债务史考[J]. 财政研究,2011(10):7-10.

[59] 赵骅,潘相麟. 基础设施投融资运作模式:由政策性国企生发[J]. 改革,2007(8):28-32.

[60] 郑秉文. 社保改革:为经济社会提供稳定器[N]. 上海证券报,2008-12-13.

[61] ALEJANDARO P, JULIA S. Embedness and Immigration: Notes on the Social Determinants of Economics Actions[J]. American Journal of Sociology, 1993(98):1320-1350.

[62] SHEN L Y, WU Y Z. Risk Concession Model for Build/Operate/Transfer Contract Project[J]. Journal of Construction Engineering and Management, 2005(2):211-220.

[63] BLAU P M. The Dynamics of Bureaucracy[M]. 2nd ed. Chicago: University of Chicago Press, 1956.

[64] BRETTELL C B. Moral Economy or Politica Ecomony? Property and Credit Markets in 19th Century Rural Portugal[J]. Journal of Historical Sociology, 1999(12):128-135.

[65] BAKER A B. Community and Growth: Muddling through with Russian Credit Cooperatives[J]. Journal of Economic History, 1977(1):139-160.

[66] LAWRENCE M B, ALLEN N B. Securitization with Recourse[J]. Banking and Financial, 1987(11):403-424.

[67] BRADDICK M, BRUCE G C. City of Capital: Politics and Markets in the English Financial Revolution[M]. Princeton: Princet on University Press, 1996.

[68] JAMES S C. Social Capital in the Creation of Human Ccapital[J]. American Journal of Sociology, 1988(94):95-120.

[69] CRANOVETTER M. Economic Action and Social Structure: The Problem of Embeddedness[J]. America Journal of Sociology, 1991(1):492-493.

[70] DEMSETZ H. The Private Production of Public Goods[J]. Journal of Law and Economics, 1970(10):293-306.

[71] WILLIAM E. When Is Fiscal Adjustment An Illusion?[J]. Economic Policy, 1999(4):57-86.

[72] FABOZZI F J. The Handbook of Structured Financial Products[M]. Dublin: New Hope, 1998.

[73] JAMES L. Accelerating Municipal Bond Market Development in Emerging Economies: An Assessment of Strategies and Progress[J]. Public Budgeting & Finance, 1997(17):57-79.

[74] JAMES M B. An Economic Theory of Clubs[J]. Economica New Series, 1965(2):114.

[75] KENNETH N, DANIEL S, JAYARAMAN V. Municipal Bonds-International and Not Just in the U. S. Anymore[J]. Public Fund Digest, 2002(1):31-33.

[76] KUMARASWAMY M M. Governmental role in BOT-led infrastructure Development[J]. International Journals of Project Management, 2001(8):49-73.

[78] KEN G. Binmore, Ariel Rubinstein, Asher Wolinsky. The Nash Bargaining Solution In Economic Modeling[J]. Rand Journal of Economics, 1986(2):176-190.

[79] FABOZZI F J, MODIGLIANI F P, JONES F J. Foundations of Financial Markets and Institutions[M]. New Jersey: Prentice Hall, 1999.

[80] COASE R H. The Lighthouse in Economics[J]. Journal of Law and Economics, 1974(10):357-376.

[81] EDUARDO S, WALTER N. Torous. Prepayment and the Valuation of Mortgage-Backed Securities[J]. Journal of Finance, 1989(6):375-392.

[82] SAMUELSON P A. The Pure Theory of Public Expenditure[J]. Review of Economics and Statistics, 1954(36):387-389.

[83] STEVEN L S. The Impact on Securitization of Revised UCC Article 9[J]. Chicago-Kent Law Review, 2001(74):949-955.

[84] WALID A C. Asset Securitization: International Financial and Legal Perspectives[M]. New York: Basil Blackwell Limited, 1991.

[85] 张万宽. 公私伙伴关系的理论分析——基于合作博弈与交易成本的视角[J]. 经济问题探索, 2008(5):125-130.